中华传统文化普及丛书

中国民俗浅话

三喜题

北京尚达德国际文化发展中心　组编

中国人民大学出版社
·北京·

U0853262

中华传统文化普及丛书

顾　问：滕　纯　郑增仪

总策划：韦美秋

专家委员会（以姓氏笔画为序）：

王天明　王玉民　王　鹏　汉　风

叶　涛　刘元刚　孙燕南　李晓丹

李墨卿　宋晔皓　吴望如　肖三喜

杨　秀　张　健　张　践　段　梅

贺　阳　赵世民　祖秋阳　郭书春

唐　玲　程　风　程雅君　彭　柯

普颖华　磨东园

编委会（以姓氏笔画为序）：

韦开原　韦美秋　史　芳　刘涵沁

孙成义　李妙熙　杨盛美　张　习

赵世民　钱　莉　覃婷婷

总　序

感谢“中华传统文化普及丛书”的出版！它以历史巨人的眼光俯视古今，这对于复兴中华、古为今用是功不可没的。

本套丛书包蕴广博、涉猎天下。

首先，历史是一面宝鉴，它以独特的真实照耀古今，从而清醒地记录了人类的文明。

中华文明历经数千载，以德风化育子孙，高度认可人类文明的血缘性。以“孝亲敬贤”为核心的民俗，流成永恒的智慧清泉，润泽着后人的心田。

中华文明世代相传，骨肉亲情诞生了仁德的孝亲制度，使中国成为礼仪之邦，友善外交也在历代传承不断。今日中国“一带一路”的外交国策不也充满了我们与邻邦之间互助、友爱的仁德之善吗？

当科技文明的新潮涌来时，人人皆知上有天文，世用医道，农田城建、数据运算，何处不“工匠”？本套丛书溯本追源，力述大国工匠的初心，向今人展示中华科技成就的璀璨，弘扬科技创造，鼓舞万众创新，以实事求是的精神推动社会生产力的发展。

中华民族是龙的传人，早在中华文明的摇篮期就孕育了“美丽中国梦”。在先祖博弈大自然时，就出现了原始文化群体。既有夸父逐日之神，也有女娲补天之圣。古人在希望与奋斗中，唤起人类生存的能量，充满了胜利与光明。这不正是民族自信的理想之光？

“天行健，君子以自强不息”的积极精神引导着“中国模式”

的当代实践，正是“美丽中国梦”的千古传薪！

自信与创新是“梦”之真魂。中国汉字、文学、书法、绘画、音乐等，也都在承前启后，以百花盛开之势，铸魂“中国梦”。

春秋战国时期，诸子蜂起，百家争鸣，先哲们各以其经典问世，成就了中华信仰文明——儒、道、兵、法等家，后有佛教传入，皆为中华信仰及思想之根。

人民是历史的主人，中华文化是中华各族人民共同创造的。纵观历史，不忘初心，继续前进。感谢各位专家奉献各自的智慧，普及中华传统文化的精华，造福读者。感谢编委们历尽辛劳，使群英荟萃，各显其能。

本套丛书尊重历史，古为今用；内容丰富，深入浅出。有信仰经典之正，有文韬武略之本，有科技百花之丰，有人文艺术之富，“正本丰富”可谓本套丛书的编写风格。

祝愿读者在“中华传统文化普及丛书”中，取用所需，传播社会，在世界文明的海洋中远航，使中华芬芳香满世界。

编写说明

中国是四大文明古国之一，我们的祖先创造了辉煌而丰厚的文化，无论是文学艺术还是科学技术，其文明成果至今都令世人惊叹不已。英国著名历史学家汤因比曾经说过："世界的未来在中国，人类的出路在中国文明。"中华民族数千年来积累的灿烂文化，积淀着中华民族最深沉的精神追求，是中华民族生生不息、发展壮大的丰富滋养，亦是我们取之不尽、用之不竭的思想宝库。

让广大青少年在轻松愉悦的阅读中获得传统文化的滋养，以此逐渐培养他们对中华优秀传统文化的自信心、敬畏心，为未来国家的主人公们奠定创新的基石，是我们的夙愿。为了让读者尤其是广大青少年能有机会较为系统地了解璀璨的中华文明，感受中华民族文化内涵的博大精深，我们特邀数十位相关领域的权威专家、学者为指导，编写了这套"中华传统文化普及丛书"。

本套丛书包括《中国思想浅话》《中国汉字浅话》《中国医学浅话》《中国武术浅话》《中国文学浅话》《中国绘画浅话》《中国书法浅话》《中国建筑浅话》《中国音乐浅话》《中国民俗浅话》《中国服饰浅话》《中国茶文化浅话》《中国算学浅话》《中国天文浅话》，共十四部。每一部都深入浅出地展现了中华传统文化的一个方面，总体上每一部又都是一个基本完整的文化体系。当然，中华文化源远流长、广博丰富，本套丛书无法面面俱到，更因篇幅所限，亦不能将所涉及的各文化体系之点与面一一尽述。

本套丛书以全新的视角诠释经典，力图将厚重的中华传统文化宝藏以浅显、轻松、生动的方式呈现出来，既化繁为简，寓教于乐，也传递了知识，同时还避免了枯燥乏味的说教和令人望而生畏的精深阐释。为增强本套丛书的知识性与趣味性，本套丛书还在正文中穿插了知识链接、延伸阅读等小栏目，尽可能给予读者更丰富的视角和看点。为更直观地展示中华文化的伟大，本套丛书精选了大量精美的图片，包括人物画像、文物照片、山川风光、复原图、故事漫画等，既是文本内容的补充，也是文本内容的延伸，图文并茂，共同凸显中华文化各个方面的历史底蕴、深厚内涵，既充分照顾了现代读者的阅读习惯，又给读者带来了审美享受与精神熏陶。

文化是一个极广泛的概念，一直在发展充实，多元多面、错综复杂。本套丛书力求通过生动活泼的文字、精美丰富的图片、精致而富有内涵的版面设计，以及富有意蕴的水墨风格的装帧等多种要素的结合，将中华传统文化中璀璨辉煌的诸多方面立体地呈现在读者面前。希望让读者在轻松阅读的同时，从新视角、新层面了解、认识中华传统文化，以增强文化自信；同时启迪思考，推动我们中华优秀传统文化的传承、复兴和创新发展。

前　言

民俗，简而言之就是民间风俗，是人类经过长期磨合、发展而相沿成习的一种生活方式。中国民俗反映着华夏民族的心理特征、文化特征，广泛地影响着我们的生活。过年吃饺子，看似稀松平常，却蕴含着岁时年节民俗；灶王爷、土地公、送子麒麟、玉皇大帝……耳熟能详的传说人物蕴含着我们的信仰民俗；小孩的满月酒、青年的婚宴、老人的寿诞都有颇多讲究，蕴含着我们的人生礼俗。我国幅员辽阔、民族众多，形成了数不胜数的民间风俗，如节俗、食俗、居俗、育俗、语俗、礼俗、乐俗等。

中国最早的风俗活动来源于人们对自然的崇拜，季节更替、时令变化，节日慢慢演变而来，相伴而生的节日活动便慢慢成为节日民俗；后来宗教信仰的流传、历史名人的轶事、统治者颁布的政令……这些都成为我国民俗的开端，如寺庙为供奉菩萨而煮的腊八粥随着佛教的流行成为腊八节俗；介子推忠君爱国却被烧死于柳树下成就了寒食节；明代开国皇帝朱元璋下旨家家户户贴对联演变成了春联习俗，等等。

这些与我们生活息息相关的民俗就是这样从无到有、由地区至全国慢慢地融入我们的日常生活，并相沿成习，成为华夏民族传统文化中不可或缺的一部分，成为我们中国人不可磨灭的文化印记。

目　　录

第一章　岁时节令民俗 /1

一、春节 /1

（一）“年”兽的传说 /1

（二）祭灶与扫陈 /3

（三）热热闹闹办年货 /5

（四）总把新桃换旧符 /6

（五）合家欢与拜新年 /11

（六）大家都来接财神 /13

二、元宵节 /15

（一）元宵节的传说 /16

（二）猜灯谜的传说 /17

（三）龙灯耍起来 /20

（四）元宵与汤圆 /21

三、清明节 /22

（一）介子推与清明节 /23

（二）祭祖扫墓 /24

（三）踏青“插柳” /25

四、端午节 /26

（一）端午节的由来 /26

（二）裹粽子与赛龙舟 /28

（三）端午挂艾的传说 /29

（四）捉鬼天师钟馗 /31

五、中秋节 /32

（一）嫦娥奔月 /32

（二）后羿造饼 /33

（三）吴刚伐桂 /34

（四）玉兔入月宫 /36

六、重阳节 /36

（一）桓景避灾 /36

（二）重阳糕与菊花酒 /38

（三）“辟邪翁”与延寿客 /39

七、节气民俗 /40

（一）二十四节气与民俗 /40

（二）一年之计在于春 /41

（三）立夏称人 /43

（四）夏至吃点啥 /45

（五）立秋戴楸叶 /47

（六）立冬补冬 /48

（七）冬至到，吃水饺 /49

第二章　人生礼俗 /51

一、诞生礼俗 /51

（一）生产习俗 /51

（二）报喜与三朝礼俗 /53

（三）满月酒送“老虎”/54
（四）有趣的抓周仪式 /56
二、婚姻礼俗 /57
（一）婚姻的前奏——成人礼 /57
（二）三媒六证的传说 /59
（三）六礼之亲迎 /61
（四）三朝回门 /63
三、寿诞礼俗 /64
（一）寿诞礼俗知多少 /64
（二）孙膑献桃 /66
四、丧葬礼俗 /68
（一）丧葬的传统仪式 /68
（二）不同的丧葬方式 /69

第三章　生活礼俗 /71
一、穿衣礼俗 /71
（一）脱鞋脱袜上殿来 /71
（二）避害驱邪的鞋 /72
（三）衣着得体很重要 /73
二、饮食礼俗 /75
（一）熟食与聚食 /76
（二）筷子的使用 /78
（三）餐桌座次多讲究 /79
三、居住礼俗 /80

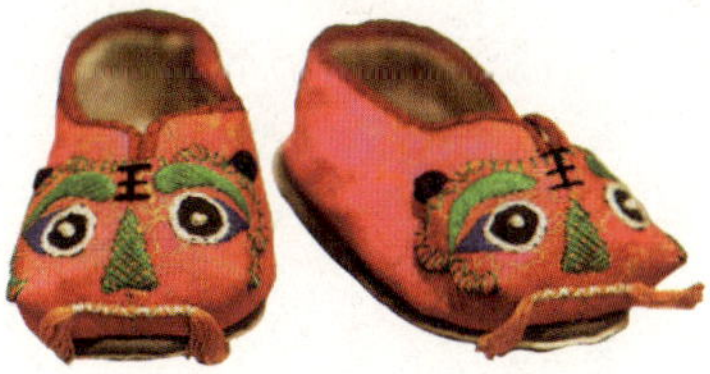

（一）宅院的风水 /80
（二）家居民俗 /82
四、出行礼俗 /84
（一）劝君更进一杯酒 /84
（二）为什么不下驴 /88

第四章　信仰民俗 /91

一、神灵崇拜 /91
（一）宽容的玉皇大帝 /92
（二）慈爱的土地公 /93
（三）泰山石敢当 /95
（四）奇特的祖师爷 /97
二、民间吉祥物 /100
（一）刘海戏金蟾 /100
（二）三多：佛手、桃子和石榴 /102
（三）麒麟送子 /105

结语 /108
参考文献 /109

第一章　岁时节令民俗

一、春节

春节，俗称“过年”，它是我国最富民族特色的节日，也是众多节日中最隆重、最令人期待的一个节日。小时候，过年不仅有许多好吃的，还能穿新衣、戴新帽，见到许多平时少见的亲戚，小孩子因而期盼天天都过年。

（一）“年”兽的传说

为什么春节又叫作“过年”呢？传说在很久以前，有一个叫作“年”的怪兽，它常居海底，每年年末便爬上岸来，到百姓家里肆意胡为。为此，每到年末，人们便扶老携（xié）幼逃到山里躲着。

一年年末，有个白胡子老头来到村里，他不与众人一起躲藏，反而借住在村东头一位村民家中。

当夜晚来临时，“年”兽再次闯进村子，村子里像往年一样一片黑暗，没有人声，但“年”兽还是闻到了一丝人气，于是它急吼吼地循着气味来到了村东头。村东头的一户人家门上贴着大红纸，门楣上还挂着红灯笼，屋内更是灯火通明，稍稍走近，还能听到“噼啪噼啪”的炸响声！“年”兽惊恐不已，狼狈地逃走了。

第二天，当山上的人回到村里，惊奇地发现村子竟然一片整洁，并没有被“年”兽破坏，白胡子老头也安然无恙。于是村民纷纷问白胡子老头是怎么回事，老人笑着说：“‘年’兽最怕红色、火光和炸响声，你们以后可效仿此法，保证平安无虞（yú）。”

驱赶“年”兽

这件事一传十、十传百，人们都知道驱赶“年”兽的办法了。以后每到年末，人们便欢天喜地地贴上大红纸，挂上红灯笼，并在院中燃放烟花爆竹。第二天一大早，人们还会换上新衣新帽，互相道喜问好，庆祝“年”兽没有来祸害百姓。后来，这风俗越传越广，渐渐成为中国民间最隆重的传统节日——春节。

中国人过年已经有四千多年的历史，早在虞舜时期，人们就开始过年了。传说虞舜继天子位时曾带百官祭拜天地，从此，人们便以虞舜登天子位这天为岁首。

虞舜画像

春节在不同时代有不同的名称：在先秦时称“上日”“改岁”等；到了两汉时期，又被叫为“岁旦”“正日”等；魏晋南北朝时称为“元日”“岁朝”等；到了唐宋元明之时，则称为“元旦”“岁日”等；而到了清代，一直叫“元旦”或“元日”。直到民国时期，我国引进了西方的公元历，改公历的一月一日为“元旦”，而农历的正月初一则称“春节”。

虞舜，又称舜，华夏族，是我国上古时代部落联盟首领，是“三皇五帝”中“五帝”之一，被后人奉为“华夏至圣”。传说虞舜品德高尚，在民间有着很高的威望，百姓们都愿意亲近他，甚至搬到他家附近居住，因而他家周围没几年便发展成了一个村落。这件事被当时的部落联盟领袖尧知道了，尧便选了他做继承人。

（二）祭灶与扫陈

春节是指农历正月初一，在民间，传统意义上的春节则从腊月二十三开始，至元宵节结束。“辞旧”“迎新”是春节的两大主题，进入农历腊月，人们便开始准备过年了。腊月初八，家家户户都要用多种谷物熬制腊八粥，以祈求来年风调雨顺、五谷丰登，这是对古代腊月祭祀习俗的沿袭。也有说腊八粥是佛寺煮来供奉菩萨的，所用的十八种米、干果就象征着十八罗汉。

腊八粥

喝完腊八粥，腊月二十三的祭灶便近在眼前了。民谚有云：“二十三，祭灶官。”祭灶这一天，也被称为“小年”。灶官也被称为“灶王爷”或是“灶神”，他是人间的监察神，每年这个

灶王爷年画

时候都要上天去汇报人间百事，所以百姓们便在腊月二十三这天祭拜他。届时，不论大家小户，都要把灶台、几案、锅碗瓢盆收拾得干干净净，并准备好祭祀必不可少的灶饼和灶糖。灶饼是灶王爷上天要带的干粮，而灶糖则要抹在灶王爷的嘴上。灶糖是一种用大麦芽熬制的糖，吃起来又甜又黏牙，抹在灶王爷嘴上是想让他“上天言好事，下界保平安”。

腊月二十三，（呀呀哟，）家家祭灶送神上天，察的是人间善恶言，一张方桌搁在灶前，阡张元宝挂在两边，滚茶凉水，草料俱全，糖瓜子，糖饼子，正素两盘，当家人跪倒，手举着香烟，一不求富贵，二不求吃穿，好事儿替我多做，恶事儿替我隐瞒……

——清·王廷绍《霓裳续谱》

祭灶完毕，忙碌的年也开始了，大扫除是除夕之前的重中之重。过年前的大扫除，旧时叫做“扫尘”“扫房”，因“尘”与“陈”谐音，也称“扫陈”。过年前的大扫除不同于平常的洒扫，它更精细全面，平常不易清扫的，如屋顶的尘埃、蛛网，都要用长竹竿绑了扫把清扫干净。同时室内的家具物什也要擦洗一遍，床单被罩也要洗涤干净。有的人家还会用白粉刷墙，油漆门窗，使室内外焕然一新。居室整洁，道路干净，这不仅是中华民族爱清洁、讲卫生的传统美德的呈现，也能使大家在整洁干净中迎接新春的到来。

（三）热热闹闹办年货

在中国民间有很多关于过年的顺口溜，如：“二十五，做豆腐；二十六，去割肉；二十七，去宰鸡；二十八，白面发；二十九，蒸馒头。”腊月二十五到腊月二十九是办年货的高峰期，家家户户都在准备着过年的食物，买肉沽（gū）酒、杀鸡宰羊等是必不可少的。这时候集市上的猪肉往往供不应求，所以旧时在农村，全村人便会商量着一起杀一头猪分享，这便是热热闹闹的“杀年猪”啦！

年猪是要分给全村人的，因而选中的肯定是最肥的那一头。杀年猪是村里的一件大事，大家都会来帮忙。杀猪时，年轻力壮的小伙子按住被绑着的猪，有经验的杀猪师傅操刀，还有专人端着盆在刀下接猪血，真是一点都不浪费。另一边架起的一口大锅里，开水早已翻滚，舀出一桶桶热水浇在猪身上，大家伙儿便开始热

火朝天地刮猪毛，之后便是开膛剖肚，不一会儿洗剥干净的大肥猪便被抬上案台。一旁等候的村民们一窝蜂地围上去，这家要十斤、那家要八斤，转眼间一头猪便被分掉了。

对于孩子们来说，看杀年猪既刺激又新鲜，他们往往从头一直看到尾，最后才和大人提着猪肉心满意足地回家。这一次看杀年猪的经历可以让他们和小伙伴吹嘘好久了。

临近过年，很多人家会自制一些年节食物，有的是香甜的馒头，有的则是软糯的年糕。年糕又称“年年糕”，与“年年高”谐音，寓意人们的工作和生活一年比一年好。在南方的一些地区，过年时会裹粽子、串腊肠。而在东北地区，一些人家则会包好一整个年节要吃的饺子。软软的饺子放在零下二十几度的屋外，一会儿便冻得硬邦邦的，想吃的时候直接拿来煮，很方便。

（四）总把新桃换旧符

除了准备年节的食物，人们还要采购年画、窗花、春联、中国结、鞭炮等各种各样的年货。年画和春联都是从古代的桃符演变而来的，桃符是指悬挂于门上的桃木板，上面刻有画像。

在中国古代神话中，有一个叫鬼域的世界，鬼域中有座山，足有万丈之高！山上有一棵生长了千年的大桃树，遮天蔽日、郁郁葱葱。桃树顶梢上立着一只公鸡，每当它早上啼鸣的时候，夜晚出去的鬼魂都必须马上赶回鬼域。

桃树的东北方向便是鬼域的大门，门口有两个守卫，他们的名字分别是神（shēn）荼（shū）、郁垒（lǜ）。如果有鬼魂在夜间干了伤天害理的事情，他们会立即把鬼魂抓起来，然后用芒苇做的绳子把它们捆起来送去喂老虎，因而天下的鬼魂都畏惧神荼、郁垒。也正因为这样，在民间，人们用桃木刻画出神荼、郁垒的画像挂在自家门口，用来避邪驱害。

在桃木上刻画很麻烦，人们便干脆在桃木板上刻上神荼、郁垒的名字，认为这样同样可以镇邪去恶，而这种桃木板就是“桃符”。当然，随着时间的推移，桃符的内容也越来越丰富。到了宋代，除了两位守卫的名字，人们还

神荼、郁垒年画

会在上面写上自己的祝福和愿望等，目的便是希望在新的一年中全家都幸福美满，而这也就是春联的原型。一到春节，人们就会写春联贴在家门口的两边，一来是镇邪；二来是表达自己的美好心愿；三来则是装饰门户，以求美观。

据说中国的第一幅对句春联“新年纳余庆，佳节号长春”是五代十国时期后蜀皇帝孟昶（chǎng）所题，到宋代时贴春联便很流行了。春联的种类多样，有贴在门上的对联，如“春回大地，福满人间”“岁岁平安日，年年如意春”等；有贴在各处的“春条”，一般不成对，如贴在门口的“出门见喜”、贴在车上的“出入平安”、贴在粮仓上的“五谷丰登”、贴在床头的“身体健康”或“身卧福地”等；还有“斗方”，是指在一张方形红纸上写的“福”字，可以贴在家里任何显眼的地方，有的人家还故意倒着贴“福”字，取谐音“福到”之意。此外，还有框对、横批等多种春联种类。

孟昶（919—965），五代十国时期后蜀的末代皇帝。他在位前期励精图治，百姓安居乐业，后期则日渐荒淫，乃至亡国。五代十国时期是唐朝末年至宋朝初期的一个历史阶段。唐亡后，在中原地区先后有后梁、后唐、后晋、后汉与后周五个政权，而在中原之外，还存在许多割据政权，被称为十国，后蜀便是其中之一。

虽说神荼和郁垒是最早的门神，可我们现在很少看到他们的影子，门神似乎已经更新换代，变成唐朝名将秦琼和尉（yù）迟恭了。这是怎么回事儿呢？相传，唐太宗李世民在登基之前杀了很多人，成为皇帝后夜间经常做恶梦，整夜不能安睡，时间长了，身体越来越差。李世民禁不住折磨，便召众臣商议对策。这时秦琼和尉迟恭请命，愿每夜披甲持械（xiè）守卫宫门，为皇帝阻挡妖邪。之后，李世民果然能安睡了，但他不忍两位大将每夜如此辛苦，便让画匠绘制二人的戎装像——手持鞭锏（jiǎn）、怒目发威，悬挂于宫门两旁，此后邪祟全消，百姓们自然纷纷效法。

秦琼、敬德年画

秦琼，字叔宝，隋末唐初名将，勇武彪悍。尉迟恭，字敬德，唐朝名将，骁勇善战。他们都曾助李世民夺得皇位，很受李世民的重视。

李世民（598—649），唐朝的第二位皇帝，我国历史上著名的政治家、军事家。李世民少年从军，为唐朝的建立立下汗马功劳。成为皇帝后，他虚心纳谏，厉行节约，使得百姓能在战乱后休养生息，开创了我国历史上著名的“贞观之治”。

后来，桃符逐渐发展为纸制门神，位置也从门上扩展到窗户及其他地方。桃符的式样也越来越丰富，不再局限于驱邪避祟的门神，而是发展为寓意美好、制作精良的年画，有财神爷、麻姑献寿、麒麟送子、五子登科、鱼戏莲花等图案，被请进了千家万户。

过年时与桃符一样必不可少的是鞭炮。鞭炮来源于古代的“爆竹”。所谓爆竹，便是将竹子投入火中燃烧，竹子会有爆裂之声，传说鬼魅很怕这种声响。唐代有个叫李田的人，他把硝装入竹筒内，引火使之爆炸，以硝烟驱逐山岚瘴（zhàng）气，一般认为这是鞭炮的雏形。到了宋代，民间有人用纸或麻裹火药来制成鞭炮，从此鞭炮便代替了爆竹成为节日的点缀（zhuì）。到了明清时期，鞭炮响更多、声更大，而烟火更是千姿百态、色彩绚丽，令人目不暇接。

爆竹声中一岁除，春风送暖入屠苏。千门万户曈曈（tóng）日，总把新桃换旧符。

——宋·王安石《元日》

这首诗是北宋时的大政革家和文学家王安石所作，描写的是古人欢度春节的热闹场景。在阵阵爆竹声中，旧的一年过去了。和暖的春风送来了新年，人们欢快地饮着屠苏酒，以驱邪避瘟，求得长寿。初升的太阳照向千门万户，看！新的桃符已经换下了旧的桃符。

……有声者，曰响炮，高起者，曰起火。起火中带炮连声者，曰三级浪。不响不起，旋绕地上者，曰地老鼠……有花草人物等形者，曰花儿。名几百种，其别以泥函（意为用匣子或封套装盛）者，曰砂锅儿。以纸函者，曰花筒。以筐函者，曰花盆。总之曰烟火云。

——明·沈榜《宛署杂记》

（五）合家欢与拜新年

祭完灶王爷，置办完年货，贴完春联，除夕就在忙忙碌碌中到来了。除夕是农历年的最后一天，中国人以这一天为岁末，在这一天有一个非常重要的活动——“守岁”。

守岁就是守住时间，不能让这一年悄悄过去。我国的守岁风俗已经有两千多年的历史了，至今不衰。守岁的活动非常丰富，一般吃完午饭人们就开始做守岁的准备工作了，年夜饭便是其中之一。年夜饭对于中国人来说非常重要。在这一天，不管身在何方，不管有什么重要的事情，不管是在外工作还是求学，人们都会赶回家团聚，在一起吃这顿一年一次的年夜饭。正因如此，年夜饭也被人们称为“团圆饭”“合家欢”。

年夜饭是旧的一年里的最后一顿饭，人们为了犒（kào）劳自己和家人一年的辛苦和忙碌，往往把年夜饭的菜肴安排地十分丰盛。年夜饭的重头戏是讲究颇多的各色菜肴，比如为了讨口彩，饭桌上必须要有鸡有鱼，“鸡”和“吉”谐音，是吉利的意思，

"鱼"和"余"谐音，意为年年有余。虽然都是丰盛的晚餐，南北方还是会有很多不同。在北方，年夜饭上必不可少的是一盘盘热气腾腾的饺子。饺子谐音"交子"，寓意"更岁交子"，一般在新旧交替时享用，俗称"吃五更饺子"。而在南方的一些地区，则会在年夜饭时吃长面，寓意长命百岁，还有的地方把汤圆、馄饨列为年夜饭上必不可少的主食。

年夜饭后，家家户户闭门守岁。全家人围在火炉旁，拉家常，谈未来，一直到凌晨时分，迎来新的一年。这种以通宵欢聚的形式守候新年到来的活动，称为"守岁"。守岁的习俗在中国历史悠久。在晋朝，蜀地已有守岁这一习俗。至隋唐，守岁成为一种全国性的年俗，唐太宗在《守岁》中写道："共欢新故岁，迎送一宵中。"及至宋朝，"儿童强不睡，相守夜喧哗"。

据说，在古代守岁是为了祈求家中父母老人长寿延年，所以要坚持守夜，不能睡觉。因为整晚不睡，总要强打精神，所以北方俗语中把守岁称作"熬年"。在山西等地区，守岁时要点"旺火"，即以上等煤块垒成佛塔状，中间放置引火的木柴。除夕夜大家各自在门前点起旺火，光焰升腾的旺火代表了主人庆祝祈福的心情。河北邯郸则有另一种形式的旺火，就是"烧旺气"：年三十的后晌，各家要备几个树疙瘩，初一早起点着，只让其冒烟，不让其着火，从早到晚，青烟袅袅，缭绕不断，直通云天，这就是所谓旺气通天，表示今后全家兴旺。

正月初一，家长会带领小辈出门拜见亲戚、朋友、尊长，以吉祥语向对方祝颂新年，卑幼者须叩头致礼，谓之“拜年”。主人家则以点心、糖果、红包（压岁钱）热情款待。当然，现在磕头拜年这种习俗已经不多见了，但小辈向长者拜年仍是每年正月都必做的事情。拜年的方式多种多样，有的是同族长辈带领若干人挨家挨户地拜年；有的是同事相邀几个人去拜年；也有大家聚在一起相互祝贺的，称为“团拜”。

（六）大家都来接财神

农历新年，人们忙着互相拜年，在正月初五这天，有一位重要的神仙要迎进家来，这位神仙就是财神爷。初五接财神，一年都会财源滚滚。财神又叫“五路神”，因为初五与“出门五路”谐音，意思是：出门在外，不管去哪个地方都能赚到钱。在民间还有一种说法，说正月初五是财神爷的诞辰，人们在这一天接财神其实就是给财神爷庆祝生日。

传说，财神本名赵公明，他非同一般，乃由天上梵气化生，曾在峨眉山罗浮洞修道，功有所成。后来武王伐纣，赵公明受商朝重臣闻仲之托，帮商军抵御周朝姜子牙的大军，战死沙场。武王伐纣胜利后，姜子牙奉师父元始天尊的旨令安抚两军阵亡将士，封赵公明为“金龙如意正一龙虎玄坛真君之神”，并统领“招宝天尊”“纳珍天尊”“招财使者”“利市仙官”四个部下。因为这四人的职责都是和钱打交道，所以人们便把赵公明当作财神来供奉。

> 武王伐纣，是指商朝末年，因商朝君主商纣王荒淫无道，周武王姬发带领周朝大军讨伐商朝君主，旨在推翻商朝统治的战争。姜子牙为周朝大军的军师，辅佐姬发伐纣。闻仲为商纣王重臣，在武王伐纣时，担任商军统帅。

别看现在见到的财神画像中的财神基本上都是胖乎乎、十分和蔼的样子，其实以前财神庙里和各家各户所供的财神是一副凶狠面相。那财神一般是乌面浓须，怒睁圆眼，头上戴铁冠，胯下骑黑虎，一手执钢鞭，一手捧元宝，所以民间又称财神为“黑虎玄坛”。为什么以前的财神是这般模样呢？因为在传说中，赵公明还掌除瘟翦（jiǎn）虐、驱病禳（ráng）灾之责，如果人间有冤难伸，他也会主持公道。

财神爷年画

为了威吓瘟魔和恶人，他只能是一副凶神恶煞的面容啦！

“初一饺子初二面，初三合子往家转，初四烙饼炒鸡蛋，初五捏上小人嘴，初七人日吃寿面。”这里的“捏上小人嘴”就是吃饺子的意思，也就是说正月初五要吃饺子。在包饺子的时候，一定要把饺子边捏紧，意思就是把你讨厌的小人的嘴巴都捏上，这样在新的一年里就不会被人算计了，所以初五吃饺子不说吃饺子，而说“捏上小人嘴”。另外，那一个个又白又胖的饺子，是不是很像一个个元宝？其实煮意为“捞”，所以这天煮饺子不只是为了吃，还有“招财进宝”的意思呢！

二、元宵节

秦始皇画像

新年的第一个月是正（zhēng）月，那为什么“正”不读成四声呢？原来秦朝的第一个皇帝秦始皇名嬴政，为避他的名讳，就下令把正（zhèng）月读成正（zhēng）月。正月是农历的元月，古人称夜为“宵”，而十五日又是一年中第一个月圆之夜，所以称正月十五为元宵节。

元宵节又叫“上元节”。汉族传统的元宵节是从两千多年前的秦朝开始的，汉文帝时将正月十五定为元宵节。“一年明月打头圆”，作为新年的第一个月圆之夜，元宵节有着独特的意义，而这一天也是一个全民欢庆的节日。这一天，男女老少都纷纷走上街头，体会着“闹”元宵的乐趣。

秦始皇（公元前259—公元前210），嬴姓，名政，是中国历史上著名的政治家、战略家、改革家。嬴政13岁即继位为“战国七雄”之一秦国的君主，掌政后重用得力之臣，统一了韩、赵、魏、楚、燕、齐六国，建立了中国历史上第一个大一统的国家——秦朝。

（一）元宵节的传说

关于元宵节的由来也有一个动人的传说。传说很久以前，人间的凶禽猛兽很多，它们经常祸害百姓，于是人们便见一只打死一只。有一次，天帝喜爱的一只神鸟因迷路不小心闯入人间，人们不识神鸟，便把它打死了。这个消息传到了天帝的耳中，他得知最喜爱的神鸟竟然被凡人杀死了，非常气愤，于是传令天兵在正月十五那天火烧人间。

天上有一个善良的仙女，她不忍凡人遭难，便偷偷下凡把这个消息告诉人们。听说这个消息之后，老百姓们很害怕，却不知怎样应对。此时，有一个见识广博的老人便说，在正月十四、十五、十六这三天，大家都各自在家中张灯结彩、放火炮，让天帝以为人间已经着火，就不会再降火于人间了。到了正月十五，天兵刚准备降火，却发现人间已经是一片“火海”了，于是直接回去复命。天帝见人间“大火”连烧了几天，心中大快，便不再追究凡人误杀神鸟的过错了。后来人们为了纪念这次死里逃生，每到正月十五便家家张灯结彩、放烟火，长此以往便形成了元宵节。

（二）猜灯谜的传说

元宵节也被称为“灯节”，花灯绝对是这一节日的主角，正如宋代辛弃疾的词作《青玉案·元夕》中所说：“东风夜放花千树。更吹落、星如雨。宝马雕车香满路。凤箫声动，玉壶光转，一夜鱼龙舞。”元宵节的花灯千姿百态、五彩缤纷，有淳朴实用的面灯，有孩子们手提的小耍灯，还有工艺精美的宫灯、走马灯，以及流光溢彩的大型花灯。

每到元宵节这天，人们吃过晚饭，便纷纷

涌上街头，去观赏琳琅满目的花灯。

猜灯谜是元宵节独有的一种娱乐活动。古时候，人们把谜面写在花灯上，猜中者会得到一些彩头。猜灯谜有多种形式，有对对子、猜谜等。相传清朝的乾隆皇帝在正月十五这天带着一帮文武大臣去观灯，街上的花灯五颜六色、美不胜收，而且还有各种灯谜。乾隆皇帝一时兴起，便让大家互相出谜联来猜一猜。大学士纪晓岚很有文采，他略思片刻，就挥笔在宫灯上写了一副对联：

乾隆皇帝画像

黑不是，白不是，红黄更不是。和狐狼猫狗仿佛，既非家畜，又非野兽。

诗不是，词不是，论语也不是。对东西南北模糊，虽为短品，也是妙文。

乾隆皇帝（1711—1799），即爱新觉罗·弘历，是清朝的第六位皇帝，年号“乾隆”，寓意“天道昌隆”。康熙、雍正、乾隆是“康乾盛世”的缔造者，这一时期的清朝政治稳固，经济繁荣。同时乾隆还是中国历史上实际执掌国家最高权力时间最长的皇帝，也是中国历史上最长寿的皇帝。

纪晓岚（1724—1805），名昀（yún），字晓岚，直隶献县（今河北献县）人，清乾隆时期的学者、文学家。纪昀才华横溢，是乾隆皇帝的御用文人，尤擅考证训诂，曾主持过《四库全书》（中国历史上卷帙最大的一部丛书，分经、史、子、集四部分）的修编。传说纪昀喜欢抽旱烟，所以同朝的官员都戏称他为“纪大烟袋”。

乾隆皇帝和大臣们冥思苦想，却怎么也猜不出谜底，最后还是纪晓岚自己揭晓了答案，谜底便是“猜谜”。

纪晓岚的谜联固然难猜，而关于对对子的灯谜，最让大家津津乐道的还要属王安石“双喜临门”的故事了。

据传在北宋时，有一年王安石进京赶考，路过一地时正值元宵佳节。当地有一个大户人家在门口悬挂了一个精美的灯笼，以对对子招亲，联曰：“走马灯，灯走马，灯熄马停步”。王安石试着对了几联都不满意，便悄悄记在心头，继续赴考去了。到了京城，主考官竟然出了“飞虎旗，旗飞虎，旗卷虎藏身”让对下联，左右少有人会答的，王安石便以那句招亲联作答，不想最后得中进士。当王安石衣锦还乡时，发现那招亲之联还悬挂在门口，于是便以考题之联对答，竟然娶得了一个漂亮的妻子。一副对联，成就了王安石金榜题名、洞房花烛两件人生大事，实可谓“双喜临门”啊！

王安石画像

王安石（1021—1086），字介甫，号半山，临川（今江西抚州市）人，北宋著名的思想家、文学家、改革家，“唐宋八大家”之一。王安石自幼聪明好学，读书过目不忘，他少年时曾跟随父亲宦游各地，对民间疾苦知之甚深。王安石为官后为百姓做了很多实事，政绩显著。

（三）龙灯耍起来

耍龙灯，又叫作龙灯舞、舞龙。它历史悠久，可以追溯到上古时代。传说在黄帝时期，人们编排了一种叫作《清角》的大型歌舞，在这个歌舞中，人们扮演龙来舞蹈。此后，逐渐演变成六条蛟龙互相穿插的舞蹈场面。黄帝时期的事情并没有文献记载，最早见于文字记载的舞龙出现在汉代张衡的《西京赋》中。

黄帝（公元前2717—公元前2599），姬姓，号轩辕氏，故称姬轩辕，是我国上古时期华夏民族联盟部落首领。黄帝统一华夏各部落后，推历法、兴文字、制乐器、做衣服、创医学、种五谷等，为华夏民族的文明进步做出了杰出贡献，后人尊其为中华“人文初祖”。

张衡（78—139），字平子，南阳西鄂（今河南南阳）人，东汉时著名的天文学家、数学家、发明家、地理学家、文学家。《西京赋》是他的赋作之一，描述了长安的繁华，讽刺了社会的奢靡风气。

关于耍龙灯，民间还流传着一个很有趣的故事。传说，泾河龙王为和街头算卦的术士袁士诚斗气，违背玉帝旨意私自篡改下雨时间和点数，结果被玉帝发现，降罪于龙王，命人间唐朝贤臣魏征监斩。泾河龙王求李世民帮忙阻拦魏征，李世民便邀魏征于处斩泾河龙王的时辰下棋，结果魏征在与李世民下棋时睡着了，于梦中斩了泾河龙王。泾河龙王被斩后阴魂不散，夜夜扰闹皇宫，吓坏了李世民。李世民只能向群臣问计，众臣商议之后认为应超度龙王，于是民间就有了元宵节耍龙灯的习俗。

一般来说，龙灯是由竹木、彩纸、布等扎成的，成断续的数节，整体长达数丈（一丈相当于3.33米）。龙身内燃烛，就被称为“龙灯”，而不燃烛的则被称为“布龙”。舞龙时，领舞者手持龙头，他的身后则有数十人举起紧连龙身的木棍。整条龙随鼓点舞动，上下翻飞，看上去栩栩如生。耍龙灯不仅是一项流传甚久的传统娱乐活动，还寓意着人们对新的一年的美好期盼。

（四）元宵与汤圆

中国的传统节日与吃有着千丝万缕的联系，几乎每个节日都有特色的美食，元宵节也不例外。元宵节的美食自然便是元宵了，元宵在宋代的时候被称为“浮圆子”，到明代时被称为“糖圆”或是“糖元”，而今天也有北方“元宵”、南方“汤圆”的不同称呼。

其实汤圆和元宵的样子很像，味道也相似，只是做法不同。汤圆的做法有点像包饺子，揪一小块糯米团，拍一拍、捏一捏，使它成圆片状，然后放入馅料，再用双手边转边收口，揉搓之后圆滚滚的汤圆便做好啦！元宵则是用馅料在糯米面里滚，糯米面反复粘到馅料表面变成球形。

汤圆

滚元宵

元宵产生之初最常见的馅料有芝麻、白糖、豆沙等，现在的品种则数不胜数，更有鲜肉、火腿等为馅料的咸口味元宵。不管是元宵还是汤圆，也不管是甜是咸，它们都有着团团圆圆、生活美满的寓意，是元宵节必不可少的食物。

三、清明节

清明，是二十四节气之一，因“万物生长此时，皆清洁而明净”，所以叫作清明。春秋时期，清明节气和寒食节是分开的，到了唐代后，逐渐合二为一，发展成为一个盛大的民俗节日。

（一）介子推与清明节

寒食节是我国古代重要的传统节日，这一天，民间禁生明火，并要祭祀先人，上坟扫墓。春秋时期，晋国公子重耳被迫流亡出走。在重耳流亡期间，只有少数几个忠心耿耿的臣子一直跟随着他，其中一个便是介子推。有一次，重耳在路上饿晕了过去，介子推为了救重耳，竟然从自己的腿上割下一块肉，煮成肉汤给重耳吃。若干年后，重耳历经千辛万苦回到晋国，并当上了晋国的君主，史称晋文公。

介子推（？—公元前636），又名介之推，后人尊其为介子，春秋时期晋国（今山西介休市）人。晋国公子重耳流亡时始终伴随的忠臣之一，甚至“割股啖君”。他不求名利，在晋文公封赏众人时选择退隐，被后世推为士大夫的典范。

晋文公（公元前697—公元前628），名重耳，中国春秋时期晋国的第二十二任君主。重耳少年时谦虚好学，但因为父王宠妃骊姬作乱而被迫流亡在外十九年。后来他历经千辛万苦回到故国，当上君主。重耳选贤任能，把晋国治理得井井有条，成为春秋五霸之一，开创了晋国近百年的霸业。

晋文公执政后，对那些曾经和自己共患难的臣子大加封赏，却唯独忘了对他有救命之恩的介子推。后来，有人在晋文公面前为介子推叫屈，晋文公这才想起介子推来，但此时介子推已经打点行囊回乡了。晋文公心中有愧，于是派人去寻介子推，想要给他赏赐。但是连派几拨人去请介子推，都没有找到人，晋文公便亲自前往寻找。此时，介子推隐居在家乡绵山上，绵山山高林密，找人很是困难，这时有心术不正的人给晋文公出主意，说从三面烧山，可逼介子推主动下山。但是直到整座山被烧光了，介子推也没有下山。等火熄灭后，晋文公急忙让人上山寻找，却看到介子推背着老母亲被烧死在一棵柳树下。晋文公悔恨不已，对着介子推的尸体哭拜，突然发现柳树树洞下有东西，掏出来一看，原来是半片衣襟，上面题有血诗："割肉奉君尽丹心，但愿主公常清明。"晋文公读罢难过不已。

为了纪念介子推，晋文公便把放火烧山的这一天定为寒食节，并晓谕全国，每年的这天禁烟火，百姓只能吃寒食。第二年，晋文公率百官登山祭奠介子推，发现埋有血诗的那棵柳树死而复生，于是赐名柳树为"清明柳"，并昭告天下，把寒食节的后一天定为清明节。

（二）祭祖扫墓

清明节的一个重要主题便是祭祖扫墓，这一习俗始于唐玄宗。扫墓时人们一般会给祖先的坟墓添新土，据说这是给祖先修缮

（shàn）房屋，以防止夏天雨大漏水。此外，人们还会给祖先供奉果品，焚烧纸钱，现在以献花居多，这些都寄寓着对祖先的追思。

唐玄宗（685—762），李姓，名隆基，后世多称其为唐明皇。李隆基 27 岁时登基为帝，在位初期英明果断，开创了“开元盛世”。后宠爱贵妃杨玉环，怠慢朝政，宠信奸佞，使得国家内乱爆发，为唐朝中衰埋下了祸根。

乌啼鹊噪昏乔木，清明寒食谁家哭。风吹旷野纸钱飞，古墓垒垒春草绿。棠梨花映白杨树，尽是死生别离处。冥冥重泉哭不闻，萧萧暮雨人归去。

——唐 · 白居易《寒食野望吟》

白居易是唐代著名的大诗人，有着“诗魔”之誉。他的这首诗描写了唐代寒食节时人们扫墓的悲凉情景，同时也透露出在唐代扫墓习俗中寒食节和清明节是一回事。

（三）踏青“插柳”

清明节还有一个重要的活动，那便是踏青。清明前后，正是春回大地、生机盎然的大好时光，人们在祭祀先祖的时候，还会在郊外游玩聚会。聚会时人们会举行各种各样的活动，有的饮酒赋诗，有的游乐竞技，有的登山踏青。流传最久的便是清明“插柳”这一风俗，人们会在自家屋檐上插上柳枝以避虫疫。在春季，柳树最先吐出新绿，给春天带来了生机，“插柳”也有留住青春、保持活力之意。

四、端午节

（一）端午节的由来

端午节是中国传统节日，又被称为“端阳”“重午”。关于端午节的由来，流传最广的是屈原的故事。

屈原画像

屈原是战国时楚国大臣，他倡导举贤任能，力主联齐抗秦，但遭到朝中其他贵族的强烈反对。这些贵族联合起来向楚王说屈原的坏话，被排挤的屈原逐渐失去楚王的信任，最后被赶出都城，流放到沅、湘流域。流放期间，屈原仍忧虑楚国的未来和百姓的命运，写下了诸多不朽的诗篇。公元前278年，秦军攻破楚国都城，屈原知道这件事后，心如刀割，便自投汨罗江以身殉国，

屈原（约公元前340—公元前278），名平，字原，战国时期楚国诗人、政治家。屈原出身楚国贵族，博学多才，忠君爱国，却受到小人谗言的陷害，被楚王流放。后来楚国国破，他自投汨罗江以身殉国明志，成为我国文学史上第一位爱国主义诗人，代表作品有《离骚》等。

这一天正是五月初五。

屈原死后，楚国的百姓哀痛异常，纷纷涌到汨罗江边凭吊屈原。渔夫们在江上划船来回打捞他的身体；还有人将饭团、鸡蛋等食物丢进江里，为的是让鱼龙虾蟹吃饱了不去咬屈原的身体；甚至有老医师将雄黄酒倒进江里来药晕蛟龙水兽，以免它们伤害屈原……此后，这些习俗便慢慢流传了下来，如人们用树叶包起来投入江中的饭团，现在已经演变成了粽子。

端午节的由来并非只有关于屈原的传说，在我国江浙一带，人们把这个日子当作纪念春秋时吴国大夫伍子胥（xū）的节日。

楚人伍子胥的父兄被楚王所杀，他转而为吴国君主效力。伍子胥助吴王讨伐楚国，一度逼得楚国迁都，吴国也因此兴盛。后来老吴王去世，他的儿子夫差当了国君。夫差大败越王勾践，即将灭亡越国时，越王勾践来求和，伍子胥力谏攻灭越国，以绝后患。而夫差却听信谗言，认为伍子胥图谋不轨，于是逼他自杀。伍子

伍子胥（？—公元前484），名员，字子胥，春秋末期吴国大夫，军事家。伍子胥的父亲伍奢（shē）原为楚国大夫，被人诬陷而惨遭杀害，伍子胥忍辱偷生，逃到吴国。到吴国后得到吴王重用，率大军攻破了楚国，为自己的父兄报了仇。

夫差，春秋时期吴国的最后一位君主，他曾攻破越国，打败齐国，称霸一时。但他不听伍子胥的劝告，没有对越国斩草除根，反而接受了越王勾践的投降。越王勾践忍辱负重，每日“卧薪尝胆”，终于在数年后成功反攻吴国，而夫差则落得个国破身亡的下场。

胥临死时对朋友说：“我死后，将我的眼睛挂在城门口，让我可以看到越国的军队攻破吴国都城。”夫差听说后很生气，便把伍子胥的尸体投入江中，这一天也是五月初五。

（二）裹粽子与赛龙舟

无论是纪念屈原还是伍子胥，我国端午节的习俗基本相似，其中最常见的便是裹粽子和赛龙舟。

粽子，最初是用菰（gū）叶把黍（shǔ）米扎成尖角形状的食物，所以原名为“角黍”，是端午节必备的食物，也是馈（kuì）赠佳品。后来改用糯米为馅，就形成了现在的粽子。粽子作为一种传统美食，口味丰富，不仅仅是一种节日美食，现在还成为风靡全国的日常食品。

粽子

“赛龙舟”传说是从屈原投江后当地百姓划船打捞其身体而逐渐沿袭下来的大型体育活动。每年端午节，浩浩荡荡的龙舟队伍便会齐聚河边，河岸上则彩旗飘扬、锣鼓喧天。龙舟队伍竞相出发、乘风破浪向终点飞驰，场面甚是

激动人心。最先到达终点的龙舟会备受人们称赞，人们也以此作为一年中会有好运的兆头。

（三）端午挂艾的传说

传统上，古人认为五月是“毒月”，五月初五更是“恶日”，每到这时便会有瘟疫流行、毒虫侵害，所以端午节还有一些祛（qū）病健体的风俗沿传，挂艾便是其中之一。

挂艾，即把艾草挂在门楣上。艾草是一种在很多地区都会生长的野生药材，晒干后点燃可以起到驱赶蚊虫的效果，古人便是以此驱除毒虫。关于挂艾有一个流传许久的传说。唐朝末年，农民起义领袖黄巢率兵到了河南邓州一带。在路上，黄巢看到一位妇人带着两个孩子赶路，奇怪的是，那妇人抱着一个五六岁的孩子，却领着一个两三岁的孩子，他便问那妇人为什么抱着大的、领着小的。那妇人惊惶地回答说：“官府说黄巢的军队要攻进城了，会杀光所有百姓，让我们出城逃难。我抱着的是邻居家的孩子，他的父母都已经不在了，而领着的是我自己的孩子。我宁愿自己的孩子受罪，也不能让邻居家的独苗有一点闪失。”

黄巢听了妇人的话大为

感动，便对她说：“你现在不必逃难，只管回城，黄巢的军队只会杀贪官劣绅（shēn），不会为难穷苦百姓。”说着他从路边扯下一把艾草递给那妇人，道：“你回城暗中传话给贫苦百姓，让他们在自家门上插上艾草，只要有了这个标志，黄巢的军队一定不会侵犯你们的。”那妇人听后，连忙赶回家中。两天后，正好是端午节，黄巢的军队杀进了城门，门口上挂有艾草的穷苦人家不仅受到了保护，还分得了粮食，挂艾于是也成了端午节的一个习俗。

黄巢（？—884），曹州冤句（今山东曹县）人，唐末农民起义领袖。黄巢出身于富庶的盐商家庭，粗通文墨，屡试不第后弃文从商，继承祖业成为盐帮首领。后来全国灾害频繁，民不聊生，朝廷却还加重赋（fù）税。于是黄巢振臂一呼，带领众多走投无路的百姓发起了轰轰烈烈的黄巢起义，但以失败告终。

以上虽只是传说，但其中也寄寓着先人们对平安富足生活的向往。在我国的一些地区，端午节会给孩子穿五毒肚兜（dōu）。

五毒肚兜

五毒肚兜一般是由姥姥家送来，大红的肚兜上绣了蛇、蝎、蜘蛛、壁虎、蛤（há）蟆（ma）五种毒物。在旧时，不满周岁的孩子一般都会有这样一件衣服，它代表着“以毒攻毒”，穿上它孩子便不会受到这些毒虫的侵害，寄寓着家人辟邪祛害的祝愿。

（四）捉鬼天师钟馗

悬挂钟馗（kuí）像也是端午节的习俗之一。在我国的江淮地区，每逢端午节，几乎家家都会悬挂钟馗像，用以镇宅驱邪。

为什么端午要挂钟馗像？相传这和唐玄宗李隆基有关。有一年端午节，唐玄宗从骊山回宫，疟（nüè）疾发作，他梦到一大一小两只鬼，小鬼穿大红无裆裤，正偷了杨贵妃的香囊和自己的玉笛，绕殿而跑。而穿蓝袍戴帽的大鬼则一直紧追小鬼不放，终于捉住小鬼，并挖掉小鬼的眼睛，一口吞下！唐玄宗吓了一跳，大声喝问对方是谁，大鬼回答说：“臣姓钟名馗，武举不第，愿为陛下除妖魔。”唐玄宗清醒过来后，疟疾顿好，不由暗自纳闷，后来细细一想，知道必是那钟馗为自己祛除了小鬼才得以痊愈。于是他令画工按照梦中所见画成钟馗捉鬼的画像，通令天下在端午节时一律张贴钟馗像，以驱邪魔。

清 · 吴昌硕《钟馗图》

五、中秋节

在古代，人们把农历七月、八月、九月分别称为“孟秋”“仲秋”“季秋”，而每年八月十五便是我国一年一度的传统佳节——中秋节，古称“八月半”或“仲秋节”。

（一）嫦娥奔月

中秋节的由来也有一个美丽的传说。传说远古时候，天上出现了十个太阳，这十个太阳把大地晒得干涸龟裂，田里的庄稼都被晒死，百姓们都生活不下去了。这时有一个力大无比、名叫后羿的英雄，他登上昆仑山顶，运足神力，拉开神弓，一连射下九个太阳，并严令最后一个太阳按时起落，造福百姓。

明 · 唐寅《嫦娥执桂图》

王母娘娘为了奖励为民除害的后羿，赐给他一颗药丸，传说凡人吃了这颗药丸不仅可以长生不老，还能飞升成仙。但是后羿不愿意离开美丽贤惠的妻子嫦娥，便把药丸交给妻子藏了起来。后羿有一帮弟子，其中有一个叫逢蒙的，奸诈阴险，觊（jì）觎（yú）师父的长生不老药，一心想要得到这颗药丸，好让自己位列仙班。一次，后羿与徒弟们一同上山打猎，逢蒙假装肚痛留在了家里。后羿走后不久，逢蒙便逼嫦娥交出神药。为免神药落入小人之手，嫦娥当机立断吞了神药，随后她的身子不由自主地飘离地面，向天上飞去。但嫦娥不愿离开自己的丈夫和家人，便落在了离家人最近的月亮之上。

后羿回家后得知所发生之事，又气又怒，但那逢蒙早已逃之夭夭。后羿没办法，只得在院中摆了嫦娥平常爱吃的鲜果食品，遥祭在月宫里的嫦娥。后来附近的百姓得知嫦娥奔月成仙了，便纷纷在月下摆设香案，向善良的嫦娥祈求吉祥平安。

（二）后羿造饼

嫦娥走的时间越久，后羿对她的想念便越浓，总是期盼嫦娥能够下凡和他一聚。而此时，成仙的嫦娥也思念丈夫，却不知怎样离开月亮和后羿见面。天上的月老不忍看一对有情人分离，便化作一个白胡子老头下凡来指点后羿。月老对后羿说，在每年八月十五的晚上，用面粉团成如圆月形状的饼，放在屋子的西北方向，然后连续呼唤嫦娥的名字，三更时分，嫦娥就会下凡返家，与他团聚。后羿听了半信半疑。但就在他犹疑之时，那白胡子老头却不见了，他这才相信遇到了仙人。于是按照老人的叮嘱，做了许多圆如明月一样的饼。果然，三更一到，嫦娥便飘然而至。那圆如明月的饼便是我们现在中秋节必备的美食——月饼。

月饼又被称为“小饼”或“月团”，唐宋时已有，到了明代，家家户户都会做月饼。传至今日，月饼的样式已经数不胜数，而且口味也是各有千秋。中秋的家宴上往往会放上一盘月饼，寓意阖家团圆。民间有相互馈赠月饼的习俗，送月饼也被称为“送团圆”，代表亲朋好友之间的美好祝愿。

月饼

（三）吴刚伐桂

中秋月圆时，人们往往会在庭院中吃饭赏月，这样的习惯是从何而来呢？传说月亮上有一棵粗壮的桂花树，有五百多丈高。有一个人一直在砍伐这棵桂树，却永远砍不断，因为这桂花树有着神奇的自愈功能，永远也不会被砍倒。那个一直在做无用功的倒霉砍树人便是吴刚。传说他是汉朝的一个修仙之人，但他飞升上天后犯了错误，于是被天帝罚到月宫，日日做砍伐桂花树的苦差事。

传说吴刚所砍伐下来的桂树枝条有时会不小心掉落人间，这枝条是天降的宝物，用它做粮柜，便有取之不尽的粮食；用它做钱匣，便有用不完的钱财……有一年中秋节，一户人家在院中吃饭，不料天上掉下一根枝条，这家人最初并不知那是桂树枝条，只把那枝条当柴火烧，可这枝条怎么也烧不完。后来问了一个知识广博的人，才知道这枝条竟是月宫中的宝物！后来，那家人有了良田百顷、家财万贯，引得旁人羡慕不已。从此以后，人们在中秋之夜都会在庭院中摆上瓜果月饼，聊天赏月，有时还会拜上一拜，以期月宫中的桂枝或是桂叶能够掉落在自己家里。

丙辰中秋，欢饮达旦，大醉，作此篇，兼怀子由。

明月几时有，把酒问青天。不知天上宫阙，今夕是何年。我欲乘风归去，又恐琼楼玉宇，高处不胜寒。起舞弄清影，何似在人间？转朱阁，低绮户，照无眠。不应有恨，何事长向别时圆？人有悲欢离合，月有阴晴圆缺，此事古难全。但愿人长久，千里共婵娟。

——宋·苏轼《水调歌头·明月几时有》

丙辰年（1076）中秋佳节，苏轼身在密州（今山东诸城市），与弟弟苏辙（字子由）已经有七个年头没有团聚了。苏轼对月饮酒，作《水调歌头·明月几时有》。此词既表现了苏轼旷达乐观的心境，也抒发了其对弟弟子由的思念。

（四）玉兔入月宫

传说嫦娥的怀中总抱着一只玉雪可爱的小兔子，这只小兔子是嫦娥在月宫中唯一的伙伴。为什么月宫中会有一只小兔子呢？传说，天上有三位神仙曾变成三个可怜的老人，向狐狸、猴子、兔子求食。狐狸与猴子都有食物可以济助，只有兔子没有食物。兔子沉思片刻，开口说：“你们吃我的肉吧！”说完便跃入烈火中。三位神仙大受感动，便将兔子送到月宫内陪伴嫦娥，小兔子也一举飞升成了玉兔。

六、重阳节

重阳节在汉代便已经出现了，到了唐代，重阳日被正式定为节日。重阳节又被称为“登高节”，当众人登高时，上了年纪的老人难免会有些力不从心，这时候家人便会扶着老人慢慢地登山。且“九九”寓意吉祥，有长长久久、长命百岁的意思，这些都不由地让人联想到尊老、敬老。1989 年，我国将每年农历九月九日定为老人节，将传统与现代巧妙结合，使重阳节成为尊老、敬老、爱老、助老的节日。

（一）桓景避灾

古人认为，农历九月九日为两个最大的阳数相重，且九九谐音“久久”，所以人们把它当作一个大吉大利的日子，称为“重阳”。

传说在汉代时，汝河有瘟（wēn）魔，只要它一出现，便有百姓病倒，相继死去，百姓们备受瘟魔的蹂（róu）躏（lìn）却无可奈何。在汝南一带，有一个青年名叫桓（huán）景，父母皆被瘟魔夺去了生命，他自己也差点送了命，于是他决定去拜仙学道，为百姓们除掉瘟魔。他历经千辛万苦，终于在一座名山深处遇到了一位仙人，但这位仙人不愿收桓景为徒。桓景并不气馁，始终对这位仙人恭敬有加。最后仙人被他的恒心打动，同意收他为徒，并教他降妖除魔的剑术。桓景十分珍惜这次求学的机会，每天都废寝忘食，苦练剑术，终于练就一身非凡的武艺。

一日，桓景的师父把他叫到跟前说："明天是九月初九，瘟魔又要出来作恶了，你已经学成本领，可以回去为民除害了。"说完递给桓景一包茱（zhū）萸（yú）叶和一壶菊花酒，让他乘着仙鹤回家。回到家乡后，桓景按照师父的叮嘱把父老乡亲带到附近的一座高山上，发给每人一片茱萸叶、一盅（zhōng）菊花酒，并做好了降魔的准备。将近午时，汝河水起，瘟魔自水中出来，见高山上有人，便直奔山脚而来。谁知瘟魔越靠近高山，越感到菊花酒、茱萸叶的香气直入肺腑，吓得瘟

魔转身便逃。就在此时，桓景手持宝剑追上去大战瘟魔，几个回合之后，瘟魔不敌桓景，被斩于剑下。从那之后，每年重阳之日，百姓们便登高望远，佩戴茱萸，喝菊花酒，以求避灾。

（二）重阳糕与菊花酒

重阳节人们要登高辟邪，但我国有些地区没有高山，于是聪明的古代劳动人民便在九月九日这天做糕点吃以避瘟，这种糕点被称为“重阳糕”。重阳糕有着生长、高升的寓意，意在祝愿大家“吉祥如意，百事皆高”，由此重阳糕也成为人们相互馈赠的礼节佳品。

除了吃重阳糕，民间还有饮菊花酒的习俗。相传某一年重阳，诗人陶渊明在篱旁赏菊却没有酒喝，他只得掐一枝菊花在手，嗅嗅嚼嚼，聊以为遣。菊花毕竟不能代酒，正在陶渊明百无聊赖之际，远处突然来了一个白衣人，原来是江州刺史王弘派来给陶渊明送酒的差人。喜出望外的陶渊明打开酒瓮，就着菊花喝起酒来，至醉方休。后人敬爱陶渊明才华风骨，便效仿他酿造了菊花酒。

明 · 唐寅《采菊图》

菊花酒，在古代被当作是重阳节必饮的“吉祥酒”，有着祛灾祈福的寓意，即便是到了现在，有些地方还保留着这样的风俗。

（三）“辟邪翁”与延寿客

重阳节又名“茱萸节”，是因为人们在重阳节喜欢佩戴茱萸。除了佩戴茱萸，人们还会簪戴菊花。

独在异乡为异客，每逢佳节倍思亲。遥知兄弟登高处，遍插茱萸少一人。

——唐·王维《九月九日忆山东兄弟》

《九月九日忆山东兄弟》是唐代诗人王维的作品，作此诗时王维不过十七岁，独自一人漂泊在外，每到佳节的时候就倍加思念自己的亲人。虽然他远离家乡，但也知道家中的兄弟们正在登高望远，只是插戴茱萸叶的人中少了独在异乡的他。

重阳佩戴茱萸的习俗在唐代很盛行。人们将茱萸或佩戴于臂；或装入小香囊中挂在腰间，称“茱萸囊”；还有妇女将之插在头上。茱萸大多是妇女儿童佩戴，有些地方男子也会佩戴。茱萸有小毒，可避虫，作用大概和端午的菖蒲、

茱萸

雄黄一样，所以又名“辟邪翁”。除了茱萸，人们还会在头上插菊花，菊花雅号“延寿客”，这一习惯始于唐代，此后历代盛行不衰。在宋代，人们还会将彩缯剪成茱萸、菊花的样子相互赠送。到清代，北京人会将菊花枝叶贴在门上，“解除凶秽，以招吉祥”，这可能是头簪菊花的变俗。

七、节气民俗

（一）二十四节气与民俗

相传“二十四节气”起源于黄河流域。春秋时，仲春、仲夏、仲秋和仲冬等节气已经出现。秦汉时，“二十四节气”已完全确立。西汉时制定的《太初历》已正式将“二十四节气”写于历法中。

“二十四节气”中，有些反映四季变化；有些反映气温变化；有的则反映天气现象变化；还有的反映物候现象。因此，它对指导农事有着非常重要的意义。这些节气还深远地影响了古代先民的衣食住行。依据节气进行劳动生产时，先民们还发挥了浪漫的想象力和丰富的创造力。因此，在历史的演进中，几乎每个节气

《太初历》是汉武帝命司马迁、星官射姓、历官邓平和民间历算家落下闳、唐都等二十多人在太初元年（公元前104年），编成而颁行的历法。《太初历》是历史上第一个把“二十四节气”订入历法中的著作，将没有“中气”的月份订为闰月。这本历法共施行了188年，遗憾的是原著早已失传。

都被当地百姓赋予了独特的习俗。在一些重要节气，先民们或举行祭祖仪式，或祈求风调雨顺，或庆祝丰收的喜悦……

那些经过千百年凝练而流传下来的习俗，是先民们智慧的结晶，它们有着顽强蓬勃的生命力，至今仍影响着现代人的生活。下面我们就重点了解其中六个极具代表性的节气及其衍生出来的风俗习惯。

立春、春分、立夏、夏至、立秋、秋分、立冬、冬至，能够反映四季变化。立春、立夏、立秋、立冬齐称“四立”，表示四季开始之意。小暑、大暑、处暑、小寒、大寒，主要反映的是气温的变化。雨水、谷雨、白露、寒露、霜降、小雪、大雪，反映天气现象的变化。惊蛰、清明、小满、芒种，则反映的是物候现象。

二十四节气歌

春雨惊春清谷天，夏满芒夏暑相连。
秋处露秋寒霜降，冬雪雪冬小大寒。
上半年逢六二一，下半年逢八二三。
每月两节日期定，最多相差一二天。

第五、六句之意：一到六月，每个月的6日或21日必定是个节气；七到十二月，每月的8日或23日必定是个节气。

（二）一年之计在于春

古人说“一年之计在于春”，为什么春天那么重要呢？在“二十四节气”中，“立春”是第一个节气，它预示着春天的来临，也表明一年农事生活的开始。春种秋收，只有重视春天的耕种，秋天才能收获更多的粮食。对古代百姓来说，春天的重要性不言而喻。

在古代，立春这一天，皇帝会率文武百官举行隆重的“报春”仪式。报春一曰“风调雨顺”、二曰“五谷丰登”、三曰“国泰民安”。报春之外，还有“打春牛”活动，打春牛又被称为“鞭春”。春牛自然并不是真的牛，而是泥塑或纸扎的牛。在立春这天拿着彩鞭鞭打春牛，意在唤醒冬闲的耕牛，打去耕牛的懒惰，期望五谷丰收。

立春时有什么节日风俗呢？首先是“咬春”，就是生吃水萝卜。大概水萝卜是春天的一种代表食物，所以立春从吃水萝卜开始。萝卜能祛痰、通气、止咳、补脾胃、御风寒，有很大的药用价值，看来“咬春”不仅是一种风俗，还是古人关于养生祛病的经验之谈。

除了水萝卜外，还有一样大家很熟悉的主食——春卷。春卷本名“春饼”，最初是包裹成春茧的样式，后因苏东坡有“春到人间一卷之”之句，得名“春卷”。春饼用小麦面烙制而成，卷上应时的豆芽、菠菜、韭黄、粉丝等食用，美味可口。

春卷

除此之外，在中国民间还有立春这日给小孩戴春鸡的习俗。

进入腊月，家有孩子的妇女们便从箩筐里挑拣出颜色鲜艳的碎布头，缝制出一对对春鸡，等到立春这天便给孩子缝在衣服上，一般遵循着“男左女右”的习俗。旧时靠天吃饭，每年开春都是青黄不接，人们饱受饥荒之苦，给孩子戴上春鸡，是希望孩子未来能过上不愁吃穿的日子，也不用受饥荒之苦。同时人们认为鸡与“吉”同音，孩子戴上春鸡，一定能吉星高照、事事如意。

春鸡

（三）立夏称人

立夏，是夏天到来的信号。有些地方，在立夏这天会有“称人”的习俗。旧时立夏，人们吃罢午饭便纷纷涌向村口，那儿早就立了一杆大木秤（chèng），秤钩上面挂着一个大筐，大家轮流坐进去称体重。这杆秤一般要两人抬起，还要有一个司秤人打秤花。打秤花虽不出力，却颇有讲究，如秤砣只能从内往外拨，而不能从外往内拨，称体重时还要说些吉利话，比如称老人时要说“秤花八十七，活到九十一”，称小孩时则要说“秤花一打二十三，小官人长大会出山。七品县官

立夏称人

勿犯难，三公九卿也好攀”。人们笑着、闹着便完成了这一趣味十足的称人活动。

立夏称人这一活动是怎么来的呢？相传这与三国时期的孟获和阿斗有关。蜀国丞相诸葛亮曾七擒孟获而又七次释放了他，这一做法使得孟获心甘情愿归顺蜀国，并对诸葛亮言听计从。后来，诸葛亮临终嘱托孟获每年要看望蜀主刘阿斗一次，以表明自己的忠心，而诸葛亮嘱托之日，正好是那年的立夏。自此以后，每年立夏这日，孟获都会依诺去拜望刘阿斗。

多年后，晋朝建立，晋武帝司马炎灭了蜀国，并掳走了蜀主阿斗。孟获坚守当年对诸葛亮的承诺，每年立夏之时都要亲自去洛阳看望阿斗。当时为了防止阿斗受到晋武帝的屈待，孟获每次看望阿斗时都命人称一称他的体重，如果体重增加了，那就说明阿斗生活得还可以，没有受到亏待；如果阿斗的体重减少了，孟获就会威胁晋武帝说要起兵反晋。

孟获，三国时期蜀国南部一带少数民族的首领。他仗义勇猛，当地人都很敬重他，在诸葛亮准备北上进攻中原的时候，他带领着族人进攻蜀国。为了安稳后方，诸葛亮带兵亲自与他应战。孟获虽然勇武，但不善用兵，所以先后七次被诸葛亮擒获。诸葛亮很爱惜孟获这个人才，所以每次擒获孟获都放了他，孟获由此对诸葛亮心悦诚服。

晋武帝司马炎（236—290），字安世，河内温县（今河南温县）人，晋代开国皇帝。司马炎是三国时期魏国权臣司马懿（yì）的孙子，他继父位为魏国相国，之后逼迫魏国幼主让位，即位为帝，定国号晋，后来又攻灭吴国，统一全国。

为了安抚以孟获为首的南方少数民族部落，晋武帝从来没有亏待过阿斗，还在每年立夏这日用糯米加豌豆煮饭给阿斗吃，因为阿斗很喜欢吃又糯又香的豌豆饭，所以这天的食量也会比平常大很多。这样孟获称人时，总会发现阿斗比上年重。阿斗没有什么本事，又是个亡国之君，但正因为有了孟获的忠诚和顾念，晋武帝也不敢欺辱于他，生活也算清净安乐，得到了个好结局。

虽然传说与史实有异，但因为阿斗有因孟获称人得来的好福气，所以人们也希望立夏称重同样能给自己带来好运，立夏称人的习俗就这样延续了下来。

（四）夏至吃点啥

夏至是我国最早被确定的“二十四节气”之一，又被称为“日长至”。公元前 7 世纪，古代先民就用土圭测日影的方法确定了夏至在6月21日或22日。这一天是北半球昼最长、夜最短的一天。夏至之后，天气渐渐炎热，我国农谚“夏至未来莫道热”对这一情况说得极为贴切。

土圭（guī）是最古老的计时仪器，是直立在地上的杆子，用来观察太阳光投射的杆影，通过杆影的移动规律以及杆影的长短，来定冬至、夏至日。

在二十四节气中，我们的先人最早定下的就是二至，即冬至和夏至，在《尚书 · 尧典》中将其称为日中和日永；同时还有二分，即春分和秋分，《尚书 · 尧典》中将其称为宵中和日短。

古时候夏至又叫“夏节”“夏至节”。夏至前后正是我国北方地区收割麦子的时节，古人会在这天举行祭神仪式，祈求来年风调雨顺。比如：周朝时天子会在夏至这天祭祀地神，为天下祈福和驱除瘟疫。现在每逢夏至仍有地方举办隆重的“过夏麦”，这是古代夏至祭祀活动的延续。现代人过夏至节，多体现于对饮食文化的传承。

我国北方地区的农谚有“冬至饺子夏至面”的说法，这是什么意思呢？按照老北京人的风俗习惯，夏至这一天定会吃碗酱香浓郁的炸酱面，且要配凉菜；而依照山东各地习俗，则要吃碗爽滑清凉的“过水面”，也就是凉面。那为何要在夏至这天吃“冷”食呢？那是因为夏至以后天气炎热，身体里的阳气上升，吃生冷之物可清热降火、开胃，并且不会因凉而影响身体健康。

炸酱面

江南地区则流传“夏至馄饨冬至团，四季安康人团圆”的说法。例如：江苏的常州和无锡等地都有这天吃馄饨的习俗，这寓意着“混沌和合”。古人称馄饨的样子“有如鸡卵，颇似天地混沌之象”，而馄饨又与“盘古开天，混沌初分”中的“混沌”谐音，寓意着孩子吃了馄饨可变聪明，人们还会为吃过馄饨的孩童称体重，希望孩童体重增加、更健康。

一些西北地区的农村，还会做“夏至饼”，人们用面粉擀成薄饼，然后烤得酥脆，再夹上青菜、豆腐、腊肉等，在祭祖后才会食用，有时还会馈赠给亲友来表达祝福。

在这样的节气里，无论你处在中华大地的哪一方山水间，用心品尝一碗美味的特色面条，或是来碗汤浓味美的馄饨，抑或咀嚼着外焦里嫩的薄饼，都是对古老民俗的传承，更不失为一种美好的享受！

（五）立秋戴楸叶

立秋，秋天的第一个节气，对农人显得尤为重要。农谚道“雷打秋，冬半收”，“立秋晴一日，农夫不用力”，说的就是立秋日。在古代，上至天子、下至黎民，对立秋这一节气都很重视。据载，西周天子在立秋日会亲率三公、九卿、诸侯、大夫到西郊“迎秋”，并举行盛大的祭祀典礼。

到了宋代，每逢立秋之日，各地都会戴楸（qiū）叶。楸叶便是楸树之叶，“楸叶”之“楸”与“秋”同音，戴楸叶也有迎接秋天之意。据史料记载，北宋时“立秋日，满街卖楸叶，妇女儿童辈，争买，皆剪成花样戴之”以顺应时序。更有甚者，还用楸叶或树枝编成帽子戴在头上，据说可保一秋平安，虽不知是否为真，但消暑乘凉确是不在话下。

立秋这日，我国有些地方还有吞食赤小豆的习惯。赤小豆，别名赤豆，形似红豆，稍微细长。在民间，人们在立秋之日用井水送服七粒或十四粒赤小豆，据说可以保一秋不犯痢疾。有趣的是，在服用赤小豆的时候，必须面朝西方才会有效果。

折枝楸叶起园瓜，赤豆如珠咽井花。洗濯烦襟酬节物，安排笑口问生涯。

——宋·范成大《立秋二绝（其一）》

范成大（1126—1193），字致能，号石湖居士，南宋诗人。此诗为立秋之日的场景描写，其中“折枝楸叶”“赤豆”“井花”便是指戴楸叶和吞食赤小豆的民俗。

（六）立冬补冬

立冬与立春、立夏、立秋合称“四立”，是古代社会里一个重要的节气。汉魏时期，天子会在立冬这天亲自率群臣迎接冬气，还会表彰为国捐躯的烈士，并抚恤烈士家属，从而告慰死者，保佑生者。民间还会举行祭祖、饮宴、卜岁等活动，以祈求来年的丰收。

农谚说：“立冬补冬，补嘴空。”在饮食习俗方面，我国北方“立冬”有吃倭瓜馅儿饺子的风俗。立冬为何吃饺子？饺子源于“交子之时”的说法。大年三十是新旧年之交，而立冬是秋冬季节之交，所以大年三十和立冬都要吃饺子。还有另一原因，立冬处于秋收冬藏之际，百姓们会在这天改善生活，就会选择“好吃不过饺子”。而为何是倭瓜馅儿？“瓜”代表结实，《礼记》

中还有“食瓜亦祭先也”的说法。

卜岁：一年的开始占卜全年的吉凶。

立冬时，市场上很难看到倭瓜。这倭瓜是夏秋季储存下来的，由于长时间放置，水分大大减少，做成饺子馅儿后，味道与夏天的倭瓜大有不同。吃倭瓜馅儿饺子，还要蘸醋加蒜泥吃，可是别有一番滋味呢！

我国南方，立冬时人们喜欢吃些鸡鸭鱼肉。若是在我国宝岛台湾，立冬这天，提供“羊肉炉”“姜母鸭”等冬季进补菜的餐厅则会高朋满座。许多人还会在家炖“麻油鸡”“四物鸡”等来补充能量。立冬时节万物始收藏，被认为是冬季的开始，因而人也应当在这时起注意避寒及补养，以增加身体的能量和养分，从而健康地度过整个寒冷的冬天。

四物鸡

（七）冬至到，吃水饺

冬至，是我国二十四节气中第一个被制定出的节气，至今有两千多年的历史，它在众多节气中有着特殊的地位。冬至也称“冬节”，在我国的广大地区有“冬至到，吃水饺”的民谚。

冬至日吃水饺的习俗，传说来自东汉的医圣张仲景。张仲景是南阳人，每到冬天，乡亲们总是面黄肌瘦，饥寒交迫之下，不少人的耳朵都被冻烂了。张仲景看到这样的场景很是难过，于是他令弟子们在城口设起医棚，支起大锅，在冬至日那天煮“祛寒娇耳汤”施舍给大家。张仲景把羊肉、辣椒和一些驱寒的药材放在大锅中熬煮，之后捞起羊肉和药物切碎，用面皮包成耳朵样的“娇耳”，煮熟后分给众人食用。大伙儿吃了“娇耳”，喝了羊汤，浑身暖和，两耳发热，冻伤的耳朵也好了。后来每到冬至时，人们便按照“娇耳”的样子做出类似的食物，并把它叫作“饺子”或“扁食”，一直流传至今。时至今日，南阳一带仍有“冬至不端饺子碗，冻掉耳朵没人管”的民谣。

饺子

张仲景（约 150 — 约 219），名机，字仲景，东汉南郡涅阳（今河南邓州）人，我国历史上著名的医学家，有“医圣”之誉。张仲景自幼笃实好学，博览群书，后来投身医学，医术精湛，妙手回春，编著了在我国医学史上有着重要影响的《伤寒杂病论》。

第二章　人生礼俗

一、诞生礼俗

（一）生产习俗

在呱呱（gū）坠地之前，我们一直徜徉在母亲的腹中，是一枚不断成长的胚胎。古人不懂胎儿是怎样孕育的，于是便结合人类的原始信仰去解释，认为胎儿有保护灵，谓之“胎神”。胎神总是在准妈妈周围活动，起到保护胎儿的作用，但是胎神也会因为某些冲撞而变成“胎煞”，这个时候它就会危害胎儿。为了避免冲撞胎神、危害孕妇，妇女孕产期间便有了诸多禁忌。人们认为，孕妇的居所无疑是胎神最活跃的地方，因而人们忌讳在准妈妈的房间里钉钉子，以免不小心钉住胎神，使胎儿停止发育。孕妇也不宜动针线、剪刀、锥子之类的工具，以免扎伤胎神。孕产禁忌是中国人长期养育经验的总结，体现着百姓们的生存智慧。

古人认为孕妇忌讳声响过大，忌看戏曲，这在当代是有理论依据的。胎儿在5个月的时候便有了听觉，如果外界声音过大或是声音嘈（cáo）杂，胎儿便会不安分，甚至会导致孕妇腹痛或流产。孕妇不宜伸手够东西或上举，这是因为手臂上举会拉伸整个腹部，

从而加速宫缩，使得胎像不稳。民间至今还有孕妇不宜参加葬礼的习俗，古人认为这是“凶冲喜”，对胎儿不利。实际上是因为在参加葬礼时，孕妇的情绪会变得压抑或者悲痛，容易对胎儿的发育产生不好的影响。

怀胎十月禁忌颇多，而孕妇生产的时候也有诸多禁忌，如古时妇人分娩（miǎn）时男人不得进产房。古人认为男属阳、女属阴，分娩时女阴虚弱，不能与阳盛相抗衡，因而男子进入产房对母子不利。同时古人还认为胎盘与婴儿有着某种神秘的联系，因而婴儿的胎盘不能胡乱丢弃，而应该在夜深人静的时候由祖母或父亲埋在房前或屋后。

妇人生产后还要坐月子，为产后必需的仪式性行为。坐月子一说可以追溯到西汉，许多地区的坐月子习俗有所不同，但一般都忌冷水、冷风、房事、出门等。我国民间很忌讳产妇未满月就到别人家串门，人们认为此时产妇的“血污”未退，秽（huì）气重，有“产妇冲宅”之说，因而产妇串门被认为是很不吉利的事情。

此外，中国各地区和各民族的产后禁忌也不尽相同。例如：在新疆，孕妇不可跨越脏水，当地风俗认为跨越脏水后会导致产妇分娩时无力；更不可跨越绳子，认为跨越绳子后生产时胎盘不易掉落；陌生的人更不允许进入产妇房间，亲朋好友在产妇产后十二天才允许去探望。蒙古族妇女在生孩子后，也同样不许外人看望。生孩子的这家人会在房檐下挂标志，生男孩挂弓箭，生女孩儿挂红布条。外人见了这特殊标志自然不会走进产房。

现代很多人将西方妇女不坐月子与中国传统坐月子的习俗相比，认为坐月子没有任何必要，这其实是一种错误认知。不管是东方还是西方，妇女产后身体都比较虚弱，都应该好好休息，使身体恢复到良好状态。应该因个人体质不同而调整休养方式，不可一味追求西方习惯，也不可为传统所缚。

关于分娩的习俗，虽然在现代人看来或许没什么用处，但是只要符合道德伦理，对产妇的身体健康有益，我们都该尊重。

弄璋、弄瓦，是汉族民间对生子、生女的代称。璋是一种玉器，瓦是古代妇女纺织用的工具，分别给出生的男孩、女孩把玩，所以后来民间就把生男孩称为“弄璋之喜”，生女孩称为“弄瓦之喜”。部分地区现在还会在满月酒之日书写“弄璋之喜”或“弄瓦之喜”贴在门上。

（二）报喜与三朝礼俗

经过近十个月的酝（yùn）酿（niàng），一个新生命到来了。婴儿的降生对一个家庭来说是一桩天大的喜事，这时主人家就要给亲戚朋友报喜了，因此报喜也算是我们人生中经历的第一个礼俗。报喜一般是婴儿的父亲给岳父母家送红鸡蛋，而在我国的浙江、湖南、湖北等地则有送活鸡的习俗，一般生男孩送公鸡，生女孩送母鸡。除了报喜之外，在湘西南一带还有在孩子出生后植树的习俗，意思是希望孩子能够长大成材。

岳父母家接到喜报后，在婴儿出生的第三天会给女儿家送去很多婴儿用品和滋补品，而这天也是婴儿的“洗三礼”。“洗三礼”也称“三朝礼俗”或“洗三朝”，即用艾煮水给孩子洗澡。旧时有专门以接生、洗三礼为职业的中老年妇女，人们习惯称她们为“收生姥姥”或“吉祥姥姥”。吉祥姥姥给婴儿洗澡时还会唱民谣，如“先洗头，做王侯；后洗腰，一辈要比一辈高”，表达对孩子的祝福。现在多是婴儿自己的奶奶、姥姥为婴儿洗澡。

（三）满月酒送“老虎”

在民间，人们认为婴儿过了一个月就是渡过了难关，接下来便能健康成长了。于是为了庆祝婴儿渡过难关，一般会举行婴儿满月的礼俗，同时这也是把孩子介绍给亲朋好友的机会，这个欢聚一堂共庆婴儿出生的礼俗就是我们所说的“满月酒”。满月酒的时候，姥姥和舅舅家会给婴儿送来虎头鞋或布老虎玩偶。

传说很久之前，岐山脚下住着一对夫妻，他们有了一个孩子。在孩子出生第二十九天的时候，天上突然飘起了鹅毛大雪，北风凛（lǐn）冽（liè），天气寒冷。雪上加霜的是，孩子发起了高烧，浑身抽搐（chù），这对没有育儿经验的夫妻顿时慌了手脚。他们想去找大夫，但是大雪封山，没有出路，于是眼睁睁地看着孩子咽了气。面对早夭的孩子，夫妻俩十分伤心，却又毫无办法，只能忍痛把孩子扔到山林里。

第二天，孩子的姥姥去女儿家看外孙，路过山林时突然看到一只硕大的老虎。这老虎紧紧地盯着她，可怜这老人家赶了很多路，早已精疲力竭，又被老虎这么一吓，顿时眼前一黑昏了过去。等老人家醒来的时候，发现老虎不见了，却听到不远处有婴儿的哭声，于是她循声找过去，发现一个婴儿躺在雪地上，而这婴儿身上穿的还是老人家亲手做的棉袄，她赶忙抱起婴儿赶去女儿家。此时，女儿夫妻俩还在家里痛哭流涕，不想老母亲竟然把自己的孩子抱回了家，而且孩子的病也痊愈了！毕竟是有经验的老人家，她说："幸亏有虎神保佑，她用自己的奶喂养了孩子，孩子才得以保命。"从此以后，每有婴儿满月的时候，姥姥和舅舅便会送来布做的老虎玩偶或虎头鞋，以期虎神保佑，辟邪避害，孩子能够健康成长。

布老虎

孩子在满月酒的时候还要经历人生第一次剪头发，称为"剃胎发"，也称为"满月头"。剃胎发一般是请理发师上门服务，剃下的胎毛要放到屋顶，剃完发后还要给理发师赏钱，之后给婴儿穿上新衣去见宾客。主人家还会准备很多红鸡蛋送给客人，表示添丁的喜事。还有一种说法是，那些结了婚还没生子的妇人吃了红鸡蛋也能很快怀孕。

（四）有趣的抓周仪式

洗三礼、满月酒后，很快婴儿就该百日了，百日就是婴儿出生一百天。百日的时候婴儿要穿百家衣、戴百家锁，这样才能一生顺遂、长命百岁。而与洗三、满月、百日不同的则是孩子的周岁礼俗，孩子的周岁礼俗一般被看作是诞生礼俗的完结，因而很受重视。周岁礼除了要宴请宾客外，还要进行一项意义非凡又趣味十足的仪式，古称“试儿”，现在俗称“抓周”。

抓周

相传三国时，吴国的君主孙权即位不久，太子孙登便病死了，孙权的皇子们觉得这是一个天大的机会，便在各自母舅的支持下，结交权臣，预备夺嗣（sì），搞得朝野上下乌烟瘴气。此时有人进谏孙权说，立嗣传位乃是千秋万代的大业，不仅要看皇子们是否贤德，还要看皇孙们的表现，而且这人还说他有识别皇孙们贤德或愚笨的方法。

于是有一天，孙权便令各位皇子把自己的孩子抱到一处，这时献计之人端出一个摆满金银、珠宝、象牙、翡翠、犀角、绶带、简册等物的盘子来，让各位皇孙随意选取。其中只有孙和的儿子孙皓一手抓过绶带、一手拿起了简册，而其余的皇孙们无一不抓取大把金银珠宝。孙权见此，便将孙和册封为太子。其他皇子们不服，在朝堂上明争暗斗，兴风作浪，最终使得孙权废黜（chù）

孙和，改立孙亮为太子。孙权死后，孙亮继承王位，但他在位七年便在一场政变中被推翻了。后来孙权的第六个儿子孙休成为皇帝，但他没几年也去世了。孙休死后，大臣们在众多皇孙中选了年过二十的孙皓即位，此事也恰好应了当年预测的结果。此后，人们便用这种方法来预测孩子的未来。

孙权（182—252），字仲谋，别称“吴大帝”，吴郡富春（今浙江富阳）人，三国时期吴国的建立者，与曹操、刘备三足鼎立。他少时便有雄才大略，实可谓少年得志。

孙皓(242—284)，字元宗，孙权之孙，废太子孙和之子，三国时期吴国的末代君主。孙皓在位初期，施行明政，但不久便沉迷酒色，而且变得越来越残暴，致使国家逐渐败落，最后被晋攻灭。

二、婚姻礼俗

（一）婚姻的前奏——成人礼

在众多人生礼仪中，有一个重要的礼仪习俗被我们淡忘，那便是传承了数千年的成人礼俗。汉族传统的成人礼有这样的规定，男子二十“冠而字”，女子十五“许嫁笄（jī）而字”。男子行冠礼和女子行笄礼的仪式非常隆重，不仅要选择良辰吉日，还要请贵人临门助礼。在古代，未行成人礼的少男少女的头发是扎成一个或两个犄角，而行过礼后，他们的头发将全部梳到头顶，男子戴冠，女子插上发簪（zān）。

成人礼的过程包括采衣、初加、再加、三加。采衣即童子之衣；初加为素色襦裙，男子戴巾，女子簪笄；再加为曲裾深衣，男子戴帽，女子簪发簪；三加为正式的大袖礼服，上衣下裳，佩绶、禁步等，男子戴冠，女子戴钗冠。且每次加衣，都须向父母行礼，以示不忘父母养育之恩。

成人礼的举行不仅仅是一个隆重的仪式，而且有着深刻的文化内涵。成人礼意味着一个人从少年步入成年，从此将由家庭中的“孺子”转变为正式跨入社会的成年人，要开始承担成人的责任、履践美好的德行，完成社会角色的转变。少年通过这种传统的仪式，正视自己肩上的责任，宣告长大成人。

可惜的是，清朝统治者废弃了汉族流传很久的成人礼，所以我们现在的成人礼只是在国旗下宣誓，或者在过生日的时候一笔带过，不像之前的成人礼那般隆重了。

（二）三媒六证的传说

少男少女行完成人礼，数年后便会迎来人生中另一个重要的转折——婚姻。在过去，婚姻讲究的是“父母之命，媒妁（shuò）之言”，还要讲究“三媒六证”。

传说很久以前，在陕西有个姓秦的富户，他家大业大，人丁兴旺。这年过年，秦老爷在大门上贴了一副对联，上书：“天下第一家，要啥就有啥”。不巧，这事被天上的玉皇大帝知道了，他龙颜大怒：“天上地下只有我才称得上天下第一家，他一个土财主也敢妄自夸口！”说罢，便将福星、禄星、寿星找来，对他们说：“你们下凡界会一会这个姓秦的，给他点难堪，让他知道厉害。”

三位神仙奉旨来到人间，摇身一变，变成了三位仙风道骨的老道人。福星先到秦老爷家门口，守门的家丁看到这老道问道：“老神仙是要化缘吗？”“对，我想要个馒头。”“这好办，您等会儿。”说着那家丁就往院子里走，福星拉住他说：“你先别急啊，你知道我要多大的馒头吗？”“馒头不都一样大吗？”“不是，我要像泰山那么大的馒头。”家丁一听犯了难，忙去禀报老爷，老爷一听此事，顿时吹胡子瞪眼，说：“这不是故意为难我吗？真是胡闹！”于是想亲自打发那老道，但是当他走到大门时，正听到那老道大声念着“天下第一家，要啥就有啥”。秦老爷怕面子挂不住，于是说：“你先回去，三天之后来拿馒头吧。”这之后，他又接受了给禄星“像南海那样多的酒”、寿星“像天那么长的布”的要求。但是这许诺容易，做起来太难了，于是他一晚上都唉声叹气，愁眉不展。他的重孙子秦雄看到了，便说：“太爷爷不用担心，等他们来了我有办法对付。”秦老爷只当是小孩子宽慰他，也没放在心上。

三天之后，三个仙人一起来拜访，秦老爷根本就没有准备东西，正要装病不见，却不想重孙子已经到了三位道长的面前。他对道长们说：“道长们，东西准备好了吗？”道长们面面相觑（qù），说：“我们是来取东西的，不是来送东西的。”秦雄说：“你们要拿出六证来，我们才能给你们准备东西啊。”

“六证是什么？”“你去问山西的晋财主就知道了。没有六证我也没办法给你们东西啊。”

三个仙人没有办法，只得腾云驾雾来到了山西的晋财主家，敲开门求取“六证”。但晋财主也一头雾水，根本不知那是何物，这时，晋财主家的重孙女晋英却说：“我知道六证。”说着便拿了一杆秤、一个斗和一把尺子出来，众人不解。那小女孩说：“秤能证东西的轻重、斗能量东西的多少、尺子能知东西的长短，这不正是六证吗？”老道们这才恍然大悟，于是拿着东西赶到了秦家。秦雄没想到那三个老道竟真把六证拿来了，于是又说：“现在六证齐备了，你们去称一称泰山、量一量南海和蓝天吧，我好给你们准备东西。”三位神仙听完这话终于知道少年在卖什么关子了，心想着：“真是人不可以貌相，海水不可斗量。没想到凡间聪明人这么多，连神仙都敢耍。”于是他们表明身份，并主动给秦雄和晋英说亲。神仙做媒，乃是天作之合，于是秦晋两家都欢欢喜喜地同意了。从此以后人们结婚时，都要拜福、禄、寿三星图，还要在堂上的桌子摆上一杆秤、一个斗和一把尺子作为六证。

（三）六礼之亲迎

“男大当婚，女大当嫁”，婚姻是缔结良缘的开始。如果要提及婚礼，那中国的传统婚俗实在是让人“望而却步”，因为它事无巨细，有许多讲究和值得说道的地方。不过随着时代的发展，传统的汉族婚俗已经被简化很多了，加上西式婚礼的流行，对传统婚俗的传承也产生了一定的影响，所以现在的婚俗一般都是传统与现代的结合。

在旧时，婚礼有着固定的程式，比如传统婚俗中的“六礼”，即纳彩、问名、纳吉、纳征、请期、亲迎。纳彩，即男方家请媒人向女方家说明缔结婚姻的请求，这相当于现在的“提亲”。问名和纳吉则体现了古人极重的信仰观念，问名其实就是“请八字”，而纳吉则是“批八字”。纳征是男女双方“八字”相合后，下彩礼的过程。请期则是预定结婚日期。现在“六礼”中的许多步骤都已经被简化了，只有亲迎这一程序较之古代有过之而无不及。

亲迎，即成婚礼，在我国普遍流行的是新郎到新娘家迎亲，现在新郎家的迎亲队伍越来越庞大，到了新娘家还要对阻挡在外的亲友说尽好话，送礼也要到位，不然连新娘闺房的门都进不了。新娘在临上车轿前，还有“哭嫁”一说。“哭嫁”虽不见载于“六礼”中，却在我国多地流行，它是出嫁女儿为感谢父母养育之恩而流下泪水，人们还说流的眼泪越多，就说明女儿越孝顺。迎亲的队伍在经过新娘家的一系列考验后，便开始返程了。返程时不能走来时的路，称为“不走回头路”。迎亲队伍回到新郎家后还有一系列婚典礼俗，如跨火盆、拜堂、宴客、入洞房、闹洞房等。

八字，个人出生时干支历日期。八字在汉族民俗信仰中占有重要地位。年干和年支组成年柱，月干和月支组成月柱，日干和日支组成日柱，时干和时支组成时柱。一共四柱，四个干和四个支共八个字，故又称“四柱八字”。

我们常看到电视剧中有“一拜天地，二拜高堂，夫妻对拜”。这三句短短的拜词中，不仅包含了夫妻盟誓，还有感谢月老、感谢父母之意。结婚之日拜天地，是感谢天地神灵的恩泽，也是希望天地神灵可以保佑夫妻两人白头偕老；而父母含辛茹苦养大孩子，如今见到子女成家立室，欣喜之情难以言表，拜父母是为感谢父母养育、教育之恩，并表示以后将更尽儿女孝顺之心；最后夫妻对拜则是一种盟誓，寓意夫妻两人会举案齐眉，恩爱白头。

（四）三朝回门

婚嫁之礼以男方家为重，但是女方家一般也会在婚嫁当天庆贺一番。整个婚嫁过程的结束在“三朝回门”。三朝回门是指新婚夫妻要在结婚后的第三天或其他合适的时候相携回到女方的娘家，在古代这一过程被称为“归宁”。

三朝回门是新郎感激岳父母家的机会，新郎自然不能空手去，而要备一份重礼，讨得岳父母家开心。而女方娘家也会把女儿、女婿回门当作一件大事，不仅会备好佳肴，左邻右舍也会串门道贺。

在《红楼梦》第十八回“皇恩重元妃省父母”中我们可以一窥嫁入帝王家的女子是怎样回门的。元春是帝妃，自然无法像普通人家的姑娘嫁入夫家后三天便回门，而要得到皇帝的特许才能省亲，且排场比普通人家的女儿大得多，各种规矩也是让人目不暇接。元宵佳节，元春回家省亲，游大观园后与家人相见宴饮，叙说入宫之后家中种种，随后又与众姐妹写诗作词，登台看戏，赏赐众人，最后在宫人催促之下，不得不作别回宫。虽说元春是皇妃之尊，其回门必定大讲排场礼仪、皇家规范，但其实这不过是普通人家姑娘回门的“升级版本”。普通人家回门也会有相见之欢，也会与父母姊妹叙话，也会有宴席佳肴，也会有左邻右舍登门道贺，最后新嫁娘自然也得返回婆家，从此真正成了别家之人。

三、寿诞礼俗

（一）寿诞礼俗知多少

在人生的众多礼俗中，寿诞礼俗是最常见的，它在每个整数生日时举行，长寿老人可能会有很多次寿诞。寿诞礼俗因年龄的不同要有所差别，年龄不到一定的岁数是不能称寿的，人们认为这样会折了寿数，因而要俗称“过生日”。即使到了一定的岁数，如果自己的父母还健在的话，也不能称寿，因为中国有句古话“尊亲在不敢言老”。在中国，百姓们比较看重的是老人的寿辰，特别是六十大寿、七十大寿以及百岁寿。

古人以六十年为一甲子，也称“花甲”，所以老人的六十大寿又被称为“花甲寿”。老人的七十大寿则被称为“古稀寿”，老人七十岁这年被称为“悬车之年”，这是因为古人一般在七十岁的时候辞官回乡，他的车架也就不再使用了，

> 吾十有五而志于学，三十而立，四十而不惑，五十而知天命，六十而耳顺，七十而从心所欲，不逾矩。
>
> ——《论语·为政》

因而被称为“悬车”。如果是老人的六十大寿或是七十大寿，一般都是亲朋好友前来祝贺；如果有老人要过百岁大寿，那么不论平时交往疏密、距离远近都是要来祝寿的，因为古语有云“山中虽有千年树，世上难逢百岁人”。

除了上面提到的寿辰，老人的寿诞还有各种雅称，如喜寿、米寿、白寿、茶寿。古代的草书“喜”字很像“七十七”，所以老人的七十七岁大寿被称为“喜寿”；而“米”字拆开正好为“八十八”，所以老人的八十八岁大寿被称为“米寿”；“白”为“百”字少一横，所以老人的九十九岁大寿被称为“白寿”；“茶”被拆分为“廾”“八”“十”和“八”，“廾”代表二十，“八”和“十”即为八十，所以老人的一百零八岁大寿被称为“茶寿”。

中国民间历来有“做九不做十”的习俗，因为人们认为“十”有着“到头”“顶点”的意思，如果做了整十岁的寿辰，似乎就等于把“寿”做完了，这对老人来说是不吉利的，所以一般在老人九十九岁生日时做百岁大寿。

为百岁老人祝寿

据说中国人重视白寿与东汉有名的孝顺少年赵彦有关。某天，一位算命的大师告诉赵彦："你眉间有黑气，三日内必死。"赵彦听了很伤心，便对那算命的说："我家中还有父母需要奉养，而且我只有十九岁，不想这么早死，求您告诉我破解的方法吧。"那算命的禁不住赵彦的哀求，便告诉他一个办法。

次日一早，赵彦携酒肉进入南山，见一棵大松树下有两位老者在下棋。赵彦悄无声息地走近，跪着把酒肉献上。那两位老者因全神贯注下棋，没有注意到赵彦，便随手将酒肉送进口中。等他们吃完，赵彦便哭拜着向两位老者求寿。其中一位老者觉得"吃人家的嘴短"，便在赵彦的生死簿上"十九"的前面又加了一个"九"字。赵彦竟真活到了九十九岁，原来这位老者便是主管寿数的南斗星君。由此，民间也留下了做重九寿的吉俗。

（二）孙膑献桃

在中国的寿诞礼俗中，最富有特色的当数一系列代表美好祝福的吉祥物，比如寿宴上必不可少的寿桃。传说战国时期的军事家孙膑，曾离家十二年师从鬼谷子学习兵法。忽有一日，他记起母亲的八十大寿将近，便向师父告假回家给母亲拜寿。临走前，师父送给他一个红艳艳的桃子，并对他说："你为学习兵法未能随侍母侧，这桃子送给你，带回去给你母亲上寿吧。”孙膑谢别师父便匆匆上路。

孙膑回到家时，家里正在开宴，于是他从怀里拿出桃子送给母亲。虽然孙膑在路上耽搁了点时间，但这桃子仍然新鲜得像是刚从树上摘下来的，令人称奇。更神奇的是，孙母吃了桃子之后，花白的头发竟然变得乌黑，昏花的眼睛变得明亮，脸上的皱纹也少了很多。后来，人们听说孙膑的母亲吃了桃子变年轻了，便也在自己父母的寿辰时奉上桃子。但因为桃子的季节性很强，有时候没有新鲜的桃子，人们便用面粉做成寿桃给老人拜寿。

寿桃

除了寿桃，老人在寿宴上还要吃长寿面，并穿纹有“寿”字、蝙蝠、鹤、松、龟或是五瑞图的衣服。因为蝙蝠谐音“福”，有寿有福便是福寿双全，而鹤、松、龟和五瑞图都是象征长寿的吉祥之物。

孙膑，战国中期军事家，原名不详。传说孙膑是有着“东方兵学鼻祖”之誉的孙武的后代，他曾和战国的另一个军事家庞涓同时拜鬼谷子为师学艺。庞涓的才能比不上孙膑，便暗中陷害孙膑，最终孙膑被处以膑刑（断足或剜去犯人膝盖骨的刑罚），所以后人称他为“孙膑”。

五瑞图是象征长寿的一种图，古人常画来祝寿祈福、求平安。其中的五瑞是指：椿树、萱草、芝兰、磐（pán）石、竹子。

四、丧葬礼俗

人有生、老、病、死，因而丧葬礼俗也算是人一生礼俗的终结。我国的丧葬礼俗延续了几千年，这得益于“以孝治天下”的传统理念，历朝历代的统治者还对葬礼的规格、等级、程序等做出了详细而严格的规定，所以是否遵守丧葬礼俗在古代甚至成了衡量儿女是否孝顺父母的一个重要标准。随着时代的变迁，现今的丧葬礼俗已大为简化，但是一些传统的仪式还是被保留了下来。

（一）丧葬的传统仪式

老人在弥留之际都希望儿女子孙守在自己的身边，陪自己走完最后的时光，也就是我们所说的“送终”。而此时，儿女们也会为老人沐浴，给他换上寿衣，这一过程被称为“小殓（liàn）”。当老人咽下最后一口气的时候，人们很忌讳说“死”字，一般是说“老了”或“去了”。

老人去世后，家人要将死讯及时告知亲朋邻居，这就叫“报丧”。报丧有许多规矩，比如，如果是父亲去世，要先给自己的伯父、叔父家报丧；如果是母亲去世，则要先去舅舅家报丧。在亲友赶到前，家人要把去世的老人放入棺材，这个程序叫“大殓”。之后便是亲朋好友前来“吊丧”。吊丧时，老人的子女们要日夜守候在灵柩（jiù）旁，古人相信老人去世三天内灵魂还会回来看望，所以要守在灵堂内等待，这一过程称为“守灵”。守灵后，还有出殡和下葬等礼俗，这些一起构成了我们传承千年的丧葬礼俗。

（二）不同的丧葬方式

我国历史最悠久的丧葬方式是土葬，古代有“入土为安”的说法。这种丧葬方式一般是用棺木盛放遗体，葬入挖好的墓穴中，以土丘为记。我国古代帝王贵人的墓葬一般都是土葬，帝王将相等有品级的人下葬时一般会有相当数量的陪葬品，如现今发掘的被誉为“世界第八大奇迹”的秦兵马俑，便是规模宏大的秦始皇墓的陪葬品之一。

秦兵马俑

火葬是如今最常见的一种丧葬方式，但是在古代汉族百姓中，火葬其实应用不多，甚至一度被认为是异端。不过随着佛教影响的扩大，其火葬的丧葬方式也在影响着百姓，在一定程度上得到了认可。有一些贫困之家，也会因无力承担土葬费用而选择火葬。

在我国古代南方一些地区流行着一种特殊的丧葬方式——悬棺葬，也被称为“崖葬”“岩葬”。崖葬利用天然岩缝或人工木桩把棺木悬置在峭壁之上，或者将棺木放在天然或人工凿成的岩洞之中，而且葬地一般都选在面临江河的绝壁上，这一奇特的丧葬方式被认为是世界文化史上的一大奇迹。

崖葬

天葬，也被称为“露天葬”，是我国蒙古族、藏族人民传统的丧葬方式，有着悠久的历史。天葬是人死后，家人将其遗体拿到指定地点让鹰等鸟类或兽类吞食，人们认为这种丧葬方式可以把死者的灵魂带上天堂。

其实不论是什么样的丧葬方式，都与人们的生活方式和所处的生活环境有着极大的联系，同时还受不同宗教信仰的影响。不过在众多丧葬方式中，火葬以其简单、科学、卫生等诸多优点为现代人所提倡。

第三章　生活礼俗

在漫长的农耕文明发展过程中，衣、食、住、行四者构成了我们的生活，不仅食物的味道在改变、服饰的精美程度在提高、居住的环境日益改善、出行的工具在进步，包含诸多文化内涵的生活礼俗也在发展，有些礼俗即使在现代社会也有相当的参考价值，对于人际关系的促进、家庭关系的融洽、自身素质的提高都有重要作用。

一、穿衣礼俗

（一）脱鞋脱袜上殿来

现在我们进入别人家中，一般要脱掉鞋子，穿上主人提供的拖鞋或者鞋套，这成为一种礼仪习惯。许多人以为这个习惯源自外国。其实，进门脱鞋是中国人的传统礼俗。

脱鞋进屋

周代礼仪中，臣子拜见君主时必须先脱去鞋袜，赤足觐见，否则就是犯下大不敬之罪。至于小辈见长辈、等级低的臣子拜见等级高于自己的上司，自然也要脱鞋脱袜以示尊重。

直到春秋时代，这一传统依然盛行，并被称为“足礼”。据说，有一天，卫国诸侯和众大夫饮酒，有一位叫诸师声子的大夫脚上长了溃烂的疮，怕大家看到，便只脱去了鞋子，而没有脱掉袜子。卫侯看了非常生气，觉得他怠慢自己，便不分青红皂白剁了诸师声子的脚，吓得其他大夫仓皇而逃。到了汉代，这种习俗仍然存在，据说汉高祖曾经赐予丞相萧何一个特殊待遇——“剑履上殿”，就是可以佩带宝剑、穿着鞋子上殿。这么说来，其他大臣还是要脱鞋上殿的，否则何来殊荣之说。

看来，进门脱鞋的习俗古已有之，当年的人们脱鞋脱袜上殿以示尊重，现在我们去别人家做客也要脱鞋，以免踩脏主人家的地面，这也是一种尊重他人的表现。

（二）避害驱邪的鞋

按照汉族传统，小孩会走路后，家中长辈往往会做虎头鞋给孩子穿。虎头鞋做工精致，舒适宽松，最突出的就是鞋头上那大大的虎头，中间绣一“王”字，以示老虎是百兽之王。给孩子穿虎头鞋是希望老虎能驱魔避邪，福佑孩子，百病不侵，孩子可以和老虎一样虎头虎脑、强壮威猛。除了虎头鞋，还有现在比较少见的猪头鞋、牛头鞋。长辈认为孩子穿猪头鞋吃得多，不挑食；穿牛头鞋则身强体壮、结结实实。这些形态不一的兽类鞋都寄寓着长辈对孩子的美好祝愿。长辈总是期望孩子健康成长，不被邪魔外祟侵害，便会根据想象做出种类繁多的鞋子让孩子穿，这样的习俗也就随着一代又一代孩子的茁壮成长保留了下来。

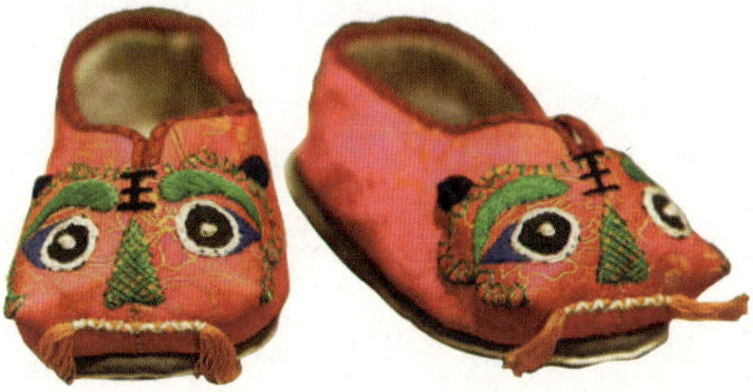

虎头鞋

牛头鞋

猪头鞋

（三）衣着得体很重要

> 《大戴礼记》亦名《大戴礼》《大戴记》，传说是由西汉末期礼学家戴德（世称大戴）编纂的，但也有后世学者认为这本著作是东汉中期戴德的后辈为另一部礼仪著作《士礼》所作的参考资料。《大戴礼记》记载了大量战国到汉代儒家学派的言论，是研究早期儒家学说的重要文献。

我国古代经典礼仪著作《大戴礼记》中有这样一句话：“人不可以不饰，不饰无貌，无貌不敬，不敬无礼，无礼不立。”即人在会见客人的时候，一定要打扮得得体一些，不打扮就没有好的仪表，没有好的仪表就是对客人的不尊敬，不尊敬客人便是不讲礼仪，不讲礼仪的人是很难在世上立足的。

战国时，魏国有个口才很好的游说（shuì）之士张仪，早时穷困潦倒，虽然胸有大志、满腹经纶，却没有明主赏识。传说张仪曾带着精心撰（zhuàn）写的谋策去拜访楚国君主，却始终没能走进宫门，因为张仪的穿着打扮实在是太邋（lā）遢（tā）了，守门的士兵总把他当成乞丐来驱赶。后来，他换上了一身干净整洁的衣服去拜见秦王，秦王先是觉得他气度非凡，后来更被他的谋略吸引，于是张仪终于找到了他的伯乐，开启了波澜壮阔的一生。

张仪（？—公元前310），魏国人，战国时期著名的外交家、纵横家、谋略家。张仪受到秦王的重用后，曾两度为秦国宰相，当时“战国七雄”中秦国国力最盛，其他六个国家联合对抗秦国。而张仪凭着三寸不烂之舌，先后游说各国，使它们由抗秦变成了亲秦。

伯乐传说是天上管理马的神仙，而春秋时的孙阳因善相马，也被称为“伯乐”。传说楚王曾托孙阳寻找一匹千里马，他走在路上看到一匹瘦骨嶙（lín）峋（xún）的马在卖力地拉车。当伯乐走近它时，它大声地嘶鸣，好像要对伯乐倾诉什么。伯乐立刻从这匹马的鸣声中听出它是一匹能够日行千里的骏马。果不其然，在伯乐的精心照料下，这匹马终于大显神通。后来人们便把伯乐引申为善于发现、推荐、培养和使用人才的人。

《红楼梦》七十四回中记载，丫鬟晴雯在拜见王夫人时，竟然“钗亸（duǒ）鬓松，衫垂带褪”，就是说发髻松散、衣衫凌乱，

被王夫人呵斥了一通。后来病重时被王夫人赶出了大观园，又气又病，香消玉殒。晴雯之死确实冤枉，但她面见尊长竟然发髻散乱、衣衫不整，自然会让王夫人不快，间接导致后来病重被驱逐的惨状。

张仪换了一身得体的衣服，从此飞黄腾达；晴雯因衣衫不整于病中被逐，香消玉殒。这两个例子虽然比较极端，但也告诉我们衣着得体的重要性。古人在什么场合穿什么衣服都是按着礼制来的，有专门的法典规定他们的衣着，所以断不会有人行差踏错。虽然我们现在的穿衣体系与古人不同，但是古人关于衣着的礼制对于我们来说还是有一定的借鉴作用的。面见尊长、拜访友朋、接待客人或出席会议、音乐会等一些正式场合，都应穿着正式，服饰规矩而大方，扣错扣子、衣带松散这种错误是绝不能犯的。太过随意的露脐装、破洞裤、夹脚凉拖之类还是留在家里穿吧。

二、饮食礼俗

中国自古重视饮食，有“民以食为天”之说。因各地气候、地理、历史、物产及饮食习俗不同，不同的地区在漫长的历史演变中形成了一整套自成体系的烹饪技艺和独特风味。春秋战国时期，南北菜肴已经展现出不同风味；至唐宋，南食、北食自成体系；至清初，鲁菜、淮扬菜、

鲁菜一品豆腐

粤菜、川菜成为最具影响的地方菜，称“四大菜系”；清末，分化出浙菜、闽菜、湘菜、徽菜四大新地方菜，“八大菜系”自此形成。八大菜系的烹饪技巧之繁多、菜肴味道之多变、品相之精美、吃法之讲究……难以细表。不同的菜系又承载着不同地域的人的饮食习俗，如果你对美食颇有兴趣，有机会不妨对各大菜系深入品究，那些隐含其中的习俗便可了然于心。

川菜水煮鱼

食俗一般包括日常食俗、年节食俗、宗教祭礼食俗等。年节食俗在前面的岁时节令民俗中已经有了详细的描述，而宗教祭礼食俗又与我们相去甚远，所以这一章节主要叙述和我们生活相关的部分日常食俗。

（一）熟食与聚食

从热气腾腾的米饭、饺子、面条、包子，到招呼客人的“趁热吃”之语，无一不反映着中国人饮食习惯的一大特点——爱吃熟食、热食。这大概与中国文明开化较早有关。新石器时期的人们就已经开始吃熟食了，而且中国古人一直将吃生食和吃熟食当作区分文明的界限。中国古人认为：“水居者腥，肉臊，草食膻。”也就是说水里的食物多有腥气，食草动物吃起来多有膻味，而热食、熟食则可以“灭腥去臊除膻”（《吕氏春秋》）。中国千变万化的烹饪技巧也是中国人爱吃熟食、热食的一味催化剂，温度激发了食物的味道，而中国人也适应了这种食物被热量激发出来的味道，自然难以割舍讲求火候的热食、熟食，这种饮食习惯就保留了下来。

《黄帝内经》中说“五谷为养，五果为助，五畜为益，五菜为充”，即谷物是人们赖以从生存的根本，蔬菜、水果、肉类都是作为主食的辅助、补益和补充，这正是中国人传统饮食习俗之一。这一食俗形成的主要原因，是中原地区以农耕为主要的生产生活方式，不管是稻谷还是小麦，加工之后都是中国人喜爱的主食，而蔬菜、水果、肉类则构成了中国饮食中的辅食。在古代，由于阶层不同，人们的饮食结构也会有一定差别，贫苦人家多粗粮、蔬果，而上层人士则多肉食，难怪《曹刿论战》中将统治者叫作“肉食者”。

在饮食方法上，中国人有个最大的特色——聚食制。聚食制起源很早，从对许多地下文明的挖掘中可以看到，古代做饭的地方与吃饭的地方是在一处的，厨房在住宅的中心位置，上面有天窗出烟，下面有篝火，人们在火上做饭，也围着火堆聚食。这种聚食古俗，一直流传到现代，成为我们生活中最常见又最易忽略的日常食俗。聚

苗寨流水席

食制是中国人注重血缘和家族观念在饮食上的具体体现。在中国，无论是什么聚会，都是一种形式：大家团团围坐，共聚一桌，同吃一桌菜。虽然这种形式不似西方分盘而食卫生，但其符合中国人喜欢“大团圆”的普遍心态。

（二）筷子的使用

筷子是汉族发明的非常具有民族特色的餐具，也是令西方人“叹为观止”的一种餐具。筷子又称为“箸”，远在商代就有了象牙制成的筷子。筷子在人类文明史上是一桩值得骄傲和推崇的发明，它像人类手指的延伸，手指能做的筷子都能做到，而且不惧高温、不怕冰凉，着实高明。

筷子

虽然每天我们都会使用筷子，但是真正了解并能正确使用筷子的人却不多。筷子的使用其实有许多禁忌：一忌疑筷，就是说举筷之前要想好吃什么，不要拿着筷子踌躇犹疑；二忌挑筷，即不能用筷子在菜里面扒拉；三忌指筷，也就是不能拿着筷子指着别人；四忌刺筷，就是说不能拿着筷子当作叉子，去叉食物；五忌吸筷，即不能把筷子放在嘴里嘬（zuō）来嘬去；六忌泪筷，就是说夹菜的时候应当小心，不要把菜汤弄得淋漓满桌；七忌供筷，即不能将筷子直接插在饭菜上，这在古代是给死去的人上供的做法，十分不吉利；八忌连筷，即不能同一道菜连夹三次以上；九忌斜筷，即吃菜要吃自己面前的菜，不要斜着伸筷够菜；十忌分筷，即筷子不要分放在餐具左右，当然如果吃的是绝交饭，分筷就起到一个隐晦的寓意作用，这种做法就是正确的。

（三）餐桌座次多讲究

作为一个讲究吃的国度，除了讲究食物、食具的精美适宜，餐桌座次礼俗也不容忽视，因为座次中体现着严格的尊卑长幼。

总的来讲，就餐时的座次讲究“尚左尊东”“面朝大门为尊”，也就是说，左边、东边、面对大门的位置是最好的，应该留给尊长坐。若是圆桌，则正对大门的为主客，主客左右两边的位子是最尊贵的，离得远的次之，如果是相同距离，则“尊左”。若为八仙桌，如果有正对大门的座位，则正对大门一侧的右位为主客；如果不正对大门，则面东的一侧右席为首席。如果人很多，不止一桌的话，那么桌与桌之间的排列讲究首席居前、居中，左边依次二、四、六席，右边为三、五、七席，根据主客身份、地位、亲疏分坐。

什么是尊长呢？当然是身份尊贵而年纪较长的人，在不同情况下，尊位会由不同的人来坐。在各

种庆贺宴席上，尊位由出力最多、功劳最大的客人坐。“周岁酒”的尊位由孩子的外公、外婆来坐；而“上梁酒”的尊位由工匠师傅来坐；至于“谢师宴”，尊位自然是由师父来坐了。

根据传统礼俗和民间饮宴习俗，宴席上的整鸡、整鸭、整鱼摆放时遵循“鸡不献头、鸭不献尾、鱼不献脊”的风俗，就是说，上菜时不要把鸡头、鸭脚与鱼脊朝向尊位。尤其是上整鱼时，应将鱼腹而不是鱼脊朝向主宾，鱼腹刺少，腴嫩味美，朝向尊位，表示尊敬。以此类推，高档的菜、风味独特的菜都应该摆在尊位附近。

三、居住礼俗

（一）宅院的风水

电视剧中常会看到大宅院里出怪事时，瞎眼道士、捉鬼天师齐登场说这宅子“风水不好”。古人迷信风水之说，认为风水对家宅平安、后世福祉都有重大影响。传说苏东坡的曾祖曾是个出家人，号白莲道人，他的一位挚友是有名的风水师。这位风水师为白莲道人推荐了一块风水宝地，说可使后世出盖世文人秀士。白莲道人依言将自己的母亲葬在了这块宝地上。后果然白莲道人的孙子苏洵以文章出仕，紧接着苏轼、苏辙又以诗词歌赋名震天下，“唐宋八大家”中苏家一门便占了三位。虽说苏门三学士这种情况的出现是家学渊源、各自努力的结果，但古人总爱将这种光耀门楣的事情附会在风水之上，现代人在建房乔迁之际，也总会遵循一些古老的民俗。

三苏，是指父亲苏洵及其子苏轼和苏辙（zhé），他们都是宋代著名的文学家。苏洵（1009—1066），号老泉，他青少年时曾荒废学业，后来追悔莫及，二十七岁始发奋读书，后来终有成就。苏辙（1039—1112），字子由，比哥哥苏轼小两岁，两人同受父亲苏洵的影响，立志向学，在文学上和仕途上都取得了巨大成就。

唐宋八大家，又被称为唐宋古文八大家，是中国唐代韩愈、柳宗元和宋代苏洵、苏轼、苏辙、欧阳修、王安石、曾巩八位的合称。他们在唐宋文坛上兴起了古文革新的浪潮，使诗文发展的陈旧面貌焕然一新。

农村自建房屋时，最重要的两个步骤就是选址和上梁。

选址就是确定住宅的具体位置，旧时会请风水师看风水，实地查看地势、脉向和方位，避免坟地、粪坑等晦气之地，还要综合邻里关系、饮用水源、生活便利与否等诸多因素来确定地址。这其实和我们现在买房时去实地看一下周围环境一样，只不过风水师会更多从阴阳五行之道来解释宅邸附近环境。

至于上梁，则是一件邻里共庆、一村同欢的大吉事。“上梁”就是安装屋顶最高的一根中梁。上梁日，房主需找九枚铜钱、一块红布、一双红漆竹筷，将铜钱用红线串起，拴上竹筷，系上红布，绑在正房（明间）脊檩正中位置，意寓“堆金积银，平安长久，富贵和顺”，永远有钱花、有饭吃；而红布则可避邪消灾。上梁时在堂屋明间梁上贴上“上梁大吉”横联，然后烧纸钱祭宅神，点燃鞭炮，工匠们齐心合力，高喊号子“一——二——上梁大吉！”将笨重的梁架安装到指定位置，气氛热烈、紧张、喜庆。上梁完成后，工匠会在梁上抛洒糖果、馒头等给下面看热闹的观众。当日，房主应买糖果、香烟送给工匠们吃，谓之“平口，上梁烟、上梁糖”，再宴请工匠们一顿酒饭，亦有包“红包”给工头的。

上梁

（二）家居民俗

在广袤的中国大地上，无论东西南北，各族人民居室内的摆设、装饰都体现着本民族的居住习俗。

旧时，客厅堂前的长桌案的摆设讲究“东瓶西镜”，即东边放一只花瓶，西边放一面镜子，中间则放一时鸣钟，象征：终（钟）生（声）平（瓶）静（镜）。为了协调美观，还会在时鸣钟两旁各放一只瓷帽筒。这是徽州人家世代相传的摆设，几乎家家如此。

东瓶西镜

虽说现在装修风格多变，装饰物品繁多，但是仔细找找，客厅里总会找到时钟、花瓶、镜子，也可以说是“钟声瓶镜”了。

卧室一般都会有一面镜子供爱美的女主人整理仪容，但是总会有老人说，镜子不能对着床，这一说法要从镜子的历史说起。在古代，镜子常常被悬挂在建筑物上，据说主要用来针对直冲而来的凶煞，把煞气反射出去，这样主人就不会被凶煞冲克而受损。故宫乾清宫内有一面巨大的水晶镜子；在雍正看书休憩的养心斋屋门后有一木制影壁，上挂一面镜子，这些其实就是“风水镜”。鉴于镜子在风水中的作用，如果将镜子对着床，岂不是将自己当成了凶煞？其实抛开风水作用不谈，姑且试想下，如果床正对着一面大镜子，夜里醒来的人在半梦半醒之间，会不会被镜中的那个身影吓到呢？这自然是有害无利的。

乾清宫内景

四、出行礼俗

如果你打算去旅行，你会选择什么样的交通工具呢？飞机、火车、汽车、轮船……不管选择哪种交通工具，总是日行千里，迅速又方便。而古人出行靠的不过是两条腿、一匹马或是一辆马车，往往车马劳顿、历经风雪、跨越季节才能从一地到另一地。况且古人没有如今发达的通信工具，靠的不过是快马加鞭一封信而已。从弱冠之龄的意气风发到花甲之年的垂垂老矣，中间隔着的可能就只是一次送别、一场远游，所以古人对于出行一事极为重视。

中国有句古话是“在家千日好，出门一时难”，因为古代交通的不发达，陆路上还有可能遇到强盗，水路上则风险更大，不仅有水贼的威胁，甚至天气都成了危险因素，因而围绕着外出远行，中国民间形成了众多与之相关的民俗。

（一）劝君更进一杯酒

诗人王维的《送元二使安西》说：“劝君更进一杯酒，西出阳关无故人。”高适在《别董大》中宽慰他人：“莫愁前路无知己，天下谁人不识君。”还有无名氏的《送别诗》这样说：“柳条折尽花飞尽，借问行人归不归。”这些诗歌都是诗人在为朋友饯行时所作，言语简单、感情真挚，表现了古人的惜别之情。

出门饯行，是我国出行礼俗中至今仍被保留的传统。在古代，不论是帝王将相，还是平民百姓，亲友相别时总是要聚会饯行。其中，喝酒壮行是必不可少的，讲究的人家还会包顿饺子款待即将出远门的人。圆鼓鼓的饺子形似一个个元宝，吃了饺子出门，定能广开财路，顺利平安，所以民间流传着“出门饺子进门面”之说。

如今随着交通越来越发达，我们的送别不过是将远行的人送到车站、机场、码头。而古时候，城郭郊外都是十里一长亭、五里一短亭，以供行人歇脚，离人话别。被国人传唱不衰的经典歌曲《送别》，开头便是“长亭外，古道边，芳草碧连天”，足见“长亭”已被人们视为送别的象征。

王维（701—761），字摩诘，号摩诘居士，河东蒲州（今山西永济）人，唐代著名诗人、画家。王维博学多才，精通音律和书画。《送元二使安西》是王维送朋友去西北边疆时作的诗，诗题又名“赠别”。

高适（约704—约765），字达夫，渤海郡（今河北景县）人，唐代著名的边塞诗人。《别董大》是高适与朋友董大久别重逢，经过短暂的聚会以后，又要分离时所作的诗歌，既表露出诗人对友人的依依惜别之情，又展现了诗人豪放豁达的胸襟。

《送别》是我国著名音乐家、美术教育家、书法家、戏剧活动家李叔同（后剃度为僧，法名弘一法师）的填词作品，其曲调取自美国歌曲《梦见家和母亲》。《送别》一歌有着优美的意象和语言，是对中国古典送别诗的继承。

长亭送别，必不可少的还有古道边郁郁葱葱的垂柳，唐宋以来，人们一直有折柳送别的习俗。“柳”谐音“留”，既是表达对亲友的挽留之意，也是希望亲友能够像柳树一样生命力旺盛，平安顺遂。

折柳送别已成习俗，但汪伦送别朋友的方式却别出心裁。汪伦是唐代时隐居于安徽一带的隐士，他性情开朗，喜欢结交朋友，对大诗人李白仰慕已久，总想着能见上一面就好了。一次，他听说李白漫游至安徽，于是高兴地给李白寄了一封信，邀请李白来自己家里做客，因为知道李白喜好饮酒览胜，便在信中说：“先生好游乎？此地千里桃花；先生好饮乎？此地万家酒楼。”李白接到信后，欣然前往汪伦的隐居之所。

但是到了汪伦家，李白却发现汪伦的隐居之地不过尔尔，并没有什么迷人的景致，酒楼也只有一家。于是李白便问汪伦：“怎么不见‘千里桃花，万家酒楼’？”汪伦笑着回答说：“你来时经过的山叫‘千里边山’，这儿还有一池潭水叫‘桃

李白（701—762），字太白，号青莲居士，绵州昌隆县（今四川江油市）人，唐代伟大的浪漫主义诗人，被后人誉为“诗仙”。李白有着非凡的诗才，所作之诗前无古人，代表作有《望庐山瀑布》《行路难》《将进酒》《早发白帝城》等多首。

花潭’，这不正是‘千里桃花’吗？而且桃花潭旁边还有一家酒楼，主人姓万，不就是‘万家酒楼’吗？”这时，汪伦倾诉了自己对李白的仰慕之情，告诉李白自己很想找机会与他结交，但是又怕他不肯光临，所以才写了这样的一封信，并请求他的原谅。李白这才恍然大悟，笑着连连点头，被汪伦的真情实意所感动，也就原谅了他。

汪伦留李白在桃花潭一连住了几天，而李白也受到了汪伦和村人的热情款待。临走那天，汪伦在水边设宴为李白饯行，并拍手踏脚，唱《踏歌》相送。船越走越远，但岸边人的歌声却久久没有停歇，于是李白诗兴大发，吟出一首绝句《赠汪伦》，诗曰：“李白乘舟将欲行，忽闻岸上踏歌声。桃花潭水深千尺，不及汪伦送我情。”

（二）为什么不下驴

中国人自古以来便讲求“天时、地利、人和”，所以在出远门这件大事上便有了许多禁忌，这些禁忌被聪明的先人总结成一些朗朗上口的俗语。下面我们来一起看看有哪些关于旅行禁忌的俗语吧。

古人认为出门远行能否一帆风顺与出发的日期有着莫大的关系，因而民间有“要出走，三六九；要归家，二五八”之说，在人们看来，三、六、九、二、五、八这几个日子都比较吉利，无论是外出还是归家，选在这些日子都会有好运气。

出门在外，风餐露宿，水土不服，如果再有个头疼脑热，就更让人困顿不已了，因而人们总说要“穷家富路”。它的意思是说在家可以节俭，但出门在外则要多带盘缠，以备不时之需，免得困窘。

为了有一个舒适的旅途，我们往往会携带较多的钱财，但是有一句话叫作“出门不露白，露白会失财”，这里人们用“白”来指代银子，也就是钱财。它是告诫我们在旅行中不要轻易显露自己的钱财，以免遇上居心叵测的人。

在旅行中，我们最怕的就是遇到危险，比如断桥、水漫路等这样的突发路况，所以人们常说：“宁走十步远，不走一步险。”它的意思是说，宁愿多绕一些远路，也不能冒险前行。但有时候多走了一些远路，却并非来自危险，而是因为没有礼貌。民间还流传着这样的一句话：“出门不施礼，多走十五里。”出门在外，不熟悉道路很正常，这时我们就需要问路，但是问路要先给人施礼。如果不施礼，不仅问不到路，还有可能挨骂。

传说有个小伙子骑着一头毛驴赶庙会，走到半道迷了路，大半天也没碰上一个人，眼看着日头偏西，他越来越着急。当他走到一个岔（chà）路口正犹豫走哪条道的时候，背后突然传来铃声，小伙子转头一看，原来是一个老头赶着一头毛驴走来。他心里暗喜道：“天无绝人之路啊。”待老头慢慢走近，小伙子就坐在驴背上吆喝：“哎！赶庙会往哪儿走？”没想到，老头连头也没抬，仍旧赶着毛驴不紧不慢地走着。

小伙子想大概这老头耳背，于是又加大声音问道：“喂！赶庙会往哪儿走？”谁知老头还是不理他，还赶着毛驴超过了他。

小伙子急了，抽了毛驴一鞭，赶上了老头，喊道：“我说你是聋子还是哑巴？问你道呢！”老头停下脚步对小伙子说：“你才是聋子、哑巴呢！”“耳朵不背，会说话啊。问你道呢！”小伙子不耐烦地说。老头说：“忙着呢，没空搭理你。”小伙子问道：“急什么？问路能耽误你多会儿工夫！”“急什么？大事！毛驴赶着回家下牛呢！”小伙子疑惑不解：“什么？下牛？驴不下驴，怎么下牛呢？”老头慢条斯理地答道：“谁知那畜生怎么不下驴！”说着便走了。

小伙子愣了会儿，赶紧从驴上下来，牵着驴去追老头。追上之后，小伙子给老头作揖施礼，说：“老大爷，对不起，刚刚冲撞您了。”老头笑眯眯地说：“没关系，赶庙会是吧？折回头走另一条道，一直走就到了。年轻人还是懂礼貌比较好。”小伙子一看，已经错过那条道路岔口将近十五里了，赶紧向老人家道谢，骑上驴就往回赶。

你看，要不是小伙子领悟得快，赶紧下驴行礼道歉，又礼貌地向老人家问路，恐怕比“多走十五里路”更糟的是走错了路，不知道要走到哪里去！

第四章　信仰民俗

一、神灵崇拜

信仰民俗，是指在长期的历史发展中，百姓们自发产生的一套神灵崇拜观念、行为习惯和相应仪式的习俗。信仰民俗的内容很丰富，种类也很多，根据崇拜对象的不同，可以分为自然神崇拜、行业神崇拜、生育神崇拜等类型。

自然神指的是将各种自然物以及自然现象作为崇拜对象，诸如天神、雨神、土地神、石神以及各种动物神和植物神。同时，人们还将人的性格特征赋予这些神灵，因而玉帝、王母便成了天神的代表，而土地公、土地婆便成了土地神的代表。行业神，指的是各行各业所信奉的祖师爷、保护神。生育神则是主管人们生育繁衍的神的总称，一般以女性神为主，如送子娘娘、观音等。

送子娘娘塑像

了解了神灵分类，下面就让我们一起来认识一些典型的神灵吧。

（一）宽容的玉皇大帝

在民间，说起老百姓最崇拜或者信奉的神，那就要数玉皇大帝了！人们认为玉皇大帝是万神之主，简称“玉皇”“玉帝”。传说玉皇大帝原本也是凡人，那他又是怎样成为神仙，成为天庭的最高领袖的呢？

玉皇大帝塑像

据说，盘古开天地之后，天地间一片祥和。可是，好景不长，由于各路神仙争雄斗狠，天地间乱成了一锅粥。太白金星决定找一个德才兼备的人，通过有效的管理来扭转这种局面。于是，他化为乞丐，四处寻找，后来来到张家湾，遇到了张友人。

张家湾是个有几万人的大山寨，张友人就是这个山寨的寨主。男人治理好一个小家尚且不容易，张友人居然能够将这么大的一个寨子治理得人人谦逊有礼、邻里和睦互助。有人问他有何高招，张友人笑了笑说，无非一个“忍”字，于是人们又称他为“张百忍”。张百忍有着海纳百川的胸怀，能够包容繁杂，以宽得众，所以太白金星认为他是一个理想的管理者，于是请他上天管理众仙。渐渐地，张百忍得到了众仙的认可，最终做了玉皇大帝。

关于玉皇大帝的来头，在姜子牙封神的故事中则是另一番景象。相传，武王伐纣后，姜子牙站在高高的封神台上，手捧天书开始敕（chì）封八部正神：封杨戬（jiǎn）为二郎神，封李靖为托塔李天王，封哪吒为三太子……谁知道，最后到敕封玉皇大帝的时候，姜子牙往天书上一瞧，这一块竟然没有字，这下怎么办呢？天书上没有名字，难道要编一个出来？眼看着众位神仙都已一一归位，却只有这玉皇大帝的宝座没有人坐，姜子牙一时间没了主意。别人注意到他的窘态，有的人期盼、有的人起哄，姜子牙停顿了片刻，不连贯地说道：“这……张……自然……有人坐。”不知是姜子牙的临场发挥还是天意如此，话音刚落，封神台下一个衣衫褴褛的人突然飞升上天，稳稳当当地坐上了玉皇大帝的宝座！原来，这个人姓张，名自然，号友人！你说巧不巧？

（二）慈爱的土地公

在我国众多的民间信仰中，土地公大概是最为人熟知的了。人们崇拜土地公，根源于人类对土地的信仰，以期土地公保护土地，使农业获得丰收。我国古人坚信“有土斯有财”，认为只有有了自己的土地，才能算得上是真正拥有财富，因而土地公也被人们视为“财神”和“福神”。

土地庙

土地公，也被称为土地神、土地爷。据考证，在我国西周时期便有土地神的信仰，晋代时有见诸笔墨的土地爷传说，此后土地神便成了家喻户晓的神明。在我国，土地神有很多，他们不是高高在上的神仙，反而更亲近人间，是地方的守护神。所以在《西游记》里，孙悟空每到一个新地方，都会把“土地老儿”叫出来问个究竟。

传说汉末有个叫蒋子文的人是秣（shú）陵（今南京）的武官，他曾追击盗贼到钟山脚下，却被贼人所杀。到三国时，吴国有人看到他骑着高头大马，手执白羽扇，在路上巡游，而且还有仆从相随，与生前一模一样。那人吓得赶紧跑了，蒋子文却在后面追赶，说道：“我是这地方的土地神，保佑你们这些平民百姓。你回去可以告诉众人，为我立祠。”后来他又多次显灵，孙权便封他为钟山之神，并改钟山为蒋山。

从蒋子文之后，各地的土地神皆由当地有功者死后担任，而土地庙也成了我国分布最广的祭祀建筑。人们几乎遇到任何问题，都会找和百姓息息相关的土地公，农人祈求五谷丰登、商人希望生意繁荣，甚至治病、升官、求子也要找他帮忙。

既然有土地公，那么有没有土地婆呢？答案是有的。土地公的形象通常是白发慈祥的老翁，脸上常挂着笑容，一看就是一个乐于助人的人。那么土地婆呢？传说土地婆心眼儿小，是这样的吗？

据说有一次玉帝问土地公有什么愿望，土地公说希望天下人人都变得很有钱，没有贫富之分。在旁边的土地婆却说：“这样不行，如果人人都富足了，就没人会做辛苦的工作了，所以还是要有差距的。”玉帝和土地公听了觉得很有道理，就放弃了这个

愿望。也正是因为如此，人们便对土地婆有了怨言，认为她心眼儿小，其实她只不过是个实在的老太太罢了。

（三）泰山石敢当

中国人自古便有对石头的崇拜，比如宋朝著名的书法家米芾便对石头十分狂热，他只要见到形状奇特的石头，便会沐浴更衣，朝它拜上一拜，而且还要称呼一声“石兄”呢！

米芾（1051—1107），字元章，北宋书法家、画家、书画理论家。米芾幼时便学习书法，并且坚持每天练习。他曾说：“一日不书，便觉思涩，想古人未尝片时废书也。”长大后他能诗文、擅字画，但个性稍显怪异，酷爱石头，遇到奇石便称“兄”，并对其膜拜不已，因而别人戏称他为“米癫（diān）”。

米芾所崇拜的石头，大概是人们口中的“奇石”吧。旧时，人们把石头当作神灵来崇拜，是因为石头坚固、不容易腐朽，给人一种永恒不变的感觉，代表着生命的永垂不朽。因而人们发现

一些形态奇怪的石头时，总会对它崇敬有加，希望它能给自己带来好运。

不知道你有没有发现，在一些旧宅的砖块或石头上经常会出现“泰山石敢当”的字样，有时在十字路口、桥头、池塘边也会有一块刻有“泰山石敢当”字样的石牌，这是为什么呢？“泰山石敢当”又是怎么来的呢？

传说很久以前，在泰山脚下有一个武功高强且乐于助人的小伙子叫石敢当，每当有弱者受到欺负，他便挺身而出为弱者出头。在离泰山不远的泰安城南有一对老夫妻，他们家有一个女儿，不知道从什么时候起，只要太阳下山，便有一股妖风直往小姑娘身上钻，时间长了，小姑娘消瘦得不成样子，这对老夫妻便找到石敢当来降妖。石敢当听了事情的整个经过后，说这事好办。太阳下山后，石敢当点起灯油，妖怪出现的时候他猛地敲响了锣，那妖怪被吓得疯狂逃窜。

这妖怪虽然被吓跑了，但仍会去别处为非作歹，它跑到江南去祸害百姓，石敢当就跟到江南；它跑到东北，石敢当就追到东北。但是天长日久，石敢当觉得始终这样也不是办法，全国这么大，他怎么跑得过来呢？突然他想到

泰山石头这么多，如果请石匠刻上他的家乡和名字——泰山石敢当，谁家闹妖风，就把石头放在门外，想来那妖怪绝对不敢进来。就这样一传十、十传百，人们纷纷在石头上刻上“泰山石敢当”，立于墙根、街巷、桥头，果然能保家宅平安。

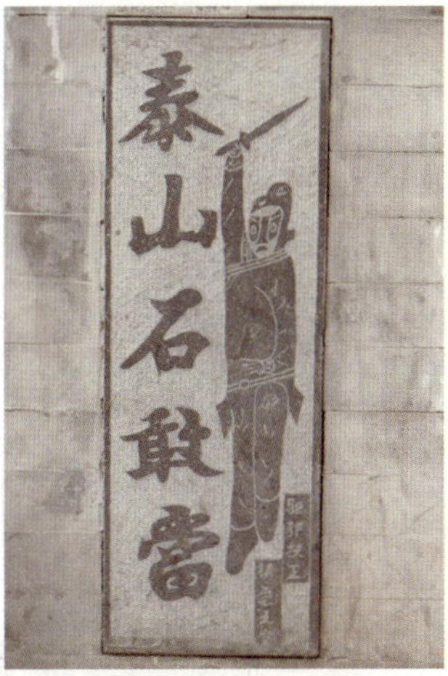

泰山石敢当

现在“泰山石敢当”仍很常见，但不再是单纯地只镇压威吓妖怪，而是变成了一个能够抵挡一切不好事物的神灵，不管是遇到过不去的坎还是遭到了不幸，看到“泰山石敢当”，人们心里就会安定平和下来。

（四）奇特的祖师爷

我们中国人最引以为傲的传统美德，其中一个大概便是饮水思源。如中国人很重视祭祖，这是表达对祖先的感谢和怀念，因为没有祖先，就没有后代的子孙绵延。所以我们说为人处世，总是要记得饮水思源才好。比如我国许多行业都有一位奇特的祖师爷，他们被认为是某一行业的神灵，人们供奉他们，一方面是饮水思源，另一方面也希望能得到祖师爷的保佑，以期技艺有成。

中国有句话是“三百六十行，无祖不立”，几乎每一个行业都有一位祖师爷，他们有的来自传说故事，而有的则在历史上有据可考。下面我们就介绍一些有趣的祖师爷。

老子画像

想当初孙悟空大闹天宫，曾被囚于太上老君的炼丹炉中七七四十九天，出来之后炼就了一双火眼金睛，能识得妖魔鬼怪的化身。这太上老君是天上的神仙，传说他第十八次转世为人，成了我国道教的创始人老子。老子求仙访道，还曾铸（zhù）造八卦炉（后称为“老君炉”）炼制丹药以求长生。而由此，老子也成了铁匠、煤矿工人的祖师爷。

老子，李姓，名耳，约生活于春秋末年，是我国古代伟大的哲学家、思想家，道家学派创始人。老子少而好学，长大后拥有广博的知识，大圣人孔子都曾问“礼”于他，其学说记录于《道德经》，又称《老子》。

与老子一样被尊为祖师爷的还有鲁班。鲁班本名姬班，春秋战国时期鲁国（今山东滕州）人，是我国古代一位杰出的发明家。鲁班出身于工匠世家，从小便跟着家人参加工程劳作。长大后鲁班不仅是一位技术娴熟的工匠，而且还根据自己多年的实践经验，发明了工匠们所用的手工工具，如锯、钻、刨子、铲子、曲尺、画线用的墨斗等，关于这些工具的发明还有许多有趣的小故事呢！

相传有一年夏天，鲁国君主要鲁班建造一座宫殿，并要求他在三年内完工。这个任务很艰巨，因为当时大家还是用斧头砍树，即使起早贪黑，伐来的树木也很少。鲁班心里很着急，于是每天天不亮便带领着徒弟们去砍树。一天，鲁班在一个陡坡上砍树，突然脚底一滑，险些掉到山谷里去，幸亏他顺势抓住了一把野草。但一阵疼痛袭来，他不得不松开抓住野草的手，一下子滑到山坡底下去了。鲁班爬起来看着掌心的鲜血，感到很诧异，是什么东西这么锋利，竟然划破了手呢？他重新爬上山坡，细看刚刚抓住的野草，只见这小草叶子的两边都长着锋利的小细齿，往手上一拉，手上就多出一道口子。鲁班由此得到启发，决定仿照那叶子的样子，做一件边缘带有细齿的工具用来锯树，他想这工具一定比斧子快多了。

鲁班回到家就立刻开始了实验，他先是找来竹片削成草叶形状，可用它锯树没几下就折断了。后来鲁班想比木头更硬的应该是铁，铁斧都能砍断木头呢！于是他请铁匠师傅打制一段薄薄的铁片，并在边缘制出如草叶一样的细齿。鲁班用它锯树，不一会儿工夫，一棵粗壮的树就被锯倒了。以后，鲁班又对它进行了几次改进，锯终于诞生了，而且沿用至今。所以鲁班也成了木匠、瓦匠的祖师爷。

此外，我国的绸缎业、纺织业都供奉嫘（léi）祖。相传嫘祖曾教百姓养蚕制衣，是“先蚕娘娘”，是当之无愧的纺织业的祖师爷。而豆腐业者则供奉西汉淮南王刘安为祖师爷，据传刘安在炼制丹药时发明了豆腐，使得我们现在又多了一份美味佳肴。

嫘祖，中国古代传说中黄帝的妻子。传说黄帝战胜蚩尤后，建立了部落联盟，黄帝带领大家种五谷，嫘祖便给大家做衣帽。最初她以树叶、树皮、毛皮为原料，后来善于观察的嫘祖发现了桑树上的蚕茧，便用蚕丝制成衣裳。后世人为了纪念嫘祖的这一功绩，便尊称她为“先蚕娘娘”。

刘安（约公元前179—公元前122），汉高祖刘邦的孙子，世袭为淮南王。淮南王刘安博学多才，而且求贤若渴，为后世留下了《淮南子》一书。传说刘安喜好神仙之术，曾在炼丹时把豆浆泼到了炼丹炉旁的一小块石膏上，不多时液体的豆浆不见了，而变成了白花花的豆腐，由此他成为我国豆腐的创始人。

二、民间吉祥物

在民间，百姓们往往会赋予一些东西特殊的含义，以满足人们祈福的心理，这些东西被称为吉祥物。民间吉祥物形形色色、不胜枚举，大多是象征平安吉祥的动物或象形的图案。下面让我们来看一看生活中常见的吉祥物吧！

（一）刘海戏金蟾

每次到店铺或是餐厅，你是不是时常能看到收银柜台上摆放着一只胖胖的金色蛤蟆？如果仔细观察的话，你会发现这只蛤蟆只有三条腿，而且嘴里衔着铜钱。其实这只胖胖的蛤蟆就是我们民间信仰中的祥瑞之物——三脚金蟾（chán）。

三脚金蟾

三脚金蟾十分旺财，传说它能口吐金钱，所居之地也是风水宝地，所以民间有句老话说“凤凰非梧桐不栖，金蟾非财地不居”。而金蟾之所以被人当作灵物，和民间传说“刘海戏金蟾”有着很大的渊源。

传说古时候，常德有一位小伙子叫刘海，他古道热肠，和母亲相依为命。有一次他上山砍柴，救了一只受伤的狐狸，后来这只狐狸化成人形，变成了美丽姑娘胡秀英，与刘海结了亲。秀英不是凡人，所以知道许多凡人不知道的事情，比如她知道在常德丝瓜巷里有一口丝瓜井，那井里有一只视财如命的妖精——三脚金蟾。这个三脚金蟾虽是妖精，却并不为非作歹，只是比较贪财，见着宝物总想据为己有。它口吐的金光能助凡人成仙，因而秀英便想借金蟾的金光助刘海成仙。

刘海，五代时人，得道成仙后成为汉族民间信奉的财神之一。传说刘海生来有仙根，曾被玉帝亲封为四方活财神。他常化为孩童模样，前额垂着整齐的短发，骑在金蟾上，手里挥舞着一串铜钱。他所骑金蟾为仙宫灵物，古人认为得之可致富。而今天我们额前留的短发之所以称为“刘海”也是来自于他。

一天，秀英拿出一粒宝珠，让刘海垂钓于丝瓜井内。那井底的金蟾一见有宝物，便向上一跃想咬住，但几次三番都失败了。眼看那宝物离井口越来越近，它卯（mǎo）足了力气向上一跃，而刘海也趁机骑上金蟾，羽化登仙而去。金蟾对刘海戏弄自己的做法很生气，有好几次都重新躲到丝瓜井内，但是每次刘海都用宝物把它钓了上来。此后，刘海和金蟾形影不离，金蟾咬进金银财宝，刘海便用来帮助穷人、造福世人。

（二）三多：佛手、桃子和石榴

我们中国人对“三”这个数字及其倍数颇有偏好，如六、九、十二、十八、二十四、三十六等。翻开任何一本中文辞典，关于三和它的倍数的词语都占了相当大的篇幅，而在我们民间还有许多与三有关的俗语、口语，它们的数量简直多如牛毛。

人们为什么这么喜欢“三”呢？其实“三”代表了“多”，意思是说“三”不仅代表了“三”这个数字，还有多数的意思。但这个多数是多少呢？用一句话来解释吧，老子说：“一生二，二生三，三生万物。”由三而生天地万物，你想想“三”得包含多少东西啊！

如果你还是不理解“三”表示“多”，那么接下来给你举些例子吧。比如我们常说的“三军”，在古代是指整个军队，所以有“三军可夺帅也，匹夫不可夺志也”之说。还有来源于春秋时期楚庄王的“三年不鸣”，它是指多年不鸣，也就是说楚庄王多年不作为。

话说楚庄王继位为楚国君主，但他不思朝政，整天游山玩水，不务正业，而且别人的劝说也完全听不进去。就这样过了好几年，

有一次，一位臣子给楚庄王出了一个谜语，他说：“启禀大王，臣在南方时见过一种鸟，这鸟落在土岗上，三年不展翅飞翔，也从不鸣叫，这只鸟叫什么名字呢？”楚庄王知道这是大臣又在暗示自己该当朝理政了。于是他回答说：“多年不展翅，是在生长羽翼；不飞翔、不鸣叫，是在观察百姓们的态度。这只鸟虽然不飞，一飞必然冲天；虽然不鸣，一鸣必然惊人。你回去吧，我知道你的意思了。”从此以后，楚庄王励精图治，终于成为一代霸主。

楚庄王（? —公元前 591），芈（mǐ）姓，名旅，春秋时期楚国君主。楚庄王具有非凡的政治才能，在他以前，楚国是一直被排除在华夏文化之外的。而楚庄王执政后，使得楚国强大，连孔子都赞誉楚庄王的执政理念和儒家思想相合。之后，楚庄王更是称霸诸侯，成为春秋五霸之一。

以“三”表示“多”的例子，实在是不胜枚举。如“三十六行”或“三百六十行”表示各行各业；“三十六计，走为上计”的“三十六计”表示“所有的计策”；“三教九流”表示社会上各种职业的人；“三蛇九鼠”比喻各种为害庄稼的东西。此外还有三姑六婆、三宫六院、三茶六礼、三头六臂、三推六问、三亲六眷、三纲六纪、三跪九叩等。

中国人讲求“多多益善”，所以一般以“多”代表着吉祥，于是便产生了“三多”这个名词。汉族传统吉祥图案里有“三多图”，“三多”即佛手、桃子和石榴这三种水果，寓意“多福、多寿、多子”。

佛手是产于我国南方的一种柑橘类水果，成熟时形成细长弯曲的果瓣，形似手指，因而得名佛手。佛与“福”读音相近，传说佛之手能握财宝，多财代表多福。传说吃了王母娘娘蟠桃园中的桃子可以长生不老，因而在民间桃子有多寿的寓意，比如老人过寿诞的时候一般都会有“寿桃”。石榴因果实内多种子，所以寓意“多子”。

“三多”

（三）麒麟送子

传说古代有一位画师，老而无子。这个画师偏爱画麒（qí）麟（lín），屋子里挂满了他画的各种形态的麒麟图。有一天晚上，

画师突然看到一只金光闪闪的麒麟，背上驮着一个小婴儿向他走来。那婴儿冰雪可爱，画师见了十分高兴，笑着笑着便醒了，原来是大梦一场。第二年，画师的妻子便生了一个儿子，画师老来得子，更是笑得合不拢嘴，而且这孩子绝顶聪明，六岁便能赋诗作画。人们知道了这件事情，便称这孩子为“麒麟童”。由此，“麒麟送子”这一传说便在民间广泛传开了，不育的妇女悬挂麒麟图在卧室，多拜之，以求吉祥多子。

麒麟，是古代传说中的一种动物，状如鹿，独角，全身长鳞甲。传说麒麟性情温和，能活两千年，而且它出没的地方必有祥瑞，所以麒麟也被百姓们认为是吉祥之兽。在《礼记》中也有这样的记载：“麟凤龟龙，谓之四灵。”不过，历史上还是有不认识麒麟的人，儒家典籍《春秋》中记载了“西狩获麟”的故事。

话说春秋时期鲁国虞人（管理山林的人）在鲁国都城曲阜西边的巨野县一带打猎。打猎时惊扰了一只怪兽，这怪兽见人之后

便仓皇而逃。众人从来都没有见过这样的怪兽，于是争相追赶，其中有一个人张弓搭箭，朝怪兽射了一箭。怪兽虽然中箭，仍奋力奔跑，直到最终倒了下来。

虞人把怪兽献给了当朝的权臣叔孙氏，叔孙氏见到那怪兽长相奇特，认为不吉祥，便又还给了虞人。后来请孔子来鉴别，孔子看到负伤而且惊魂未定的怪兽，心中十分悲痛，掩面大哭道："这是麒麟啊！你为什么来呢？你为什么来呢？"原来麒麟为天下第一仁兽，只有在太平盛世才出现。孔子生活的时期战乱频频，根本不是盛世，麒麟出现且被射伤，所以孔子甚为伤感。后来叔孙氏听说了这件事，便又要来了麒麟，但那麒麟因为惊吓过度，不吃不喝，很快便死了。传说当时孔子正在编写《春秋》，写了"西狩获麟"四个字后，便停笔不写了，这便是孔子作《春秋》"绝笔于获麟"的故事。

孔子（公元前551—公元前479），名丘，字仲尼，是我国春秋时期的大思想家、大教育家。孔子创立了儒家学派，首开民间私人讲学的风气，传说有弟子三千。孔子在晚年时编订了《诗》《书》《礼》《乐》《易》《春秋》这六部中国传统经典，其弟子将其思想言行记载于《论语》中。

读了上面的故事和传说，你是不是觉得信仰民俗很有趣呢？其实信仰民俗便是百姓们在自然的生活形态中对具有超自然力物象的信奉与祭拜。这种超自然力的物象有可能是人，也有可能是传说中的神兽，它们的出现与我们祖先对大自然的崇拜息息相关，同时这也体现了中国人对吉祥安康的美好追求。

结　语

看到这，你是否意犹未尽呢？中国的传统文化博大精深，民俗文化也数不胜数，哪怕说上几天几夜也说不完！现在请你仔细观察身边保留的民俗，或许这些民俗是爷爷亲手写的对联，或者是妈妈端午节在门上挂的艾草，抑或是店铺里摆放的一只胖蛤蟆。找一找，肯定有无穷的乐趣。

中国民族众多，地域广博，民俗文化更是博大精深，本书数万字完全不足以概括多姿多彩的民俗风情。比如我们国家有 56 个民族，而在书里我们主要浅谈了汉族的民俗风情，而对少数民族风俗少有触及。但是要知道少数民族的传统节日和风俗习惯也同样五彩斑斓，比如傣族的泼水节、壮族的歌节、蒙古族的那达慕大会等，都是颇具民族特色的节日。

不过令人担忧的是随着现代文明的发展，移风易俗已经成为新的风尚，富有民族特色的民俗活动渐渐失去了活力，甚至一些年轻人逐渐淡化了传统的民俗活动，而过起了“洋节”。一个民族的强大和独立，在于其鲜明的个性和特色，这使其能够屹立于世界民族之林。内容丰富而意蕴丰厚的民俗活动便是中华民族鲜明的特色，它彰显着中华民族辉煌而灿烂的历史文化，所以我们有义务好好保护和传承自己的优秀民俗文化。如果感兴趣，不妨多找些民俗方面的书籍来充实自己吧！

参考文献

[1] 叶涛．中国民俗．北京：中国社会出版社，2006.

[2] 乌丙安．中国民俗学．长春：长春出版社，2014.

[3] 乌丙安．民俗学丛话．长春：长春出版社，2014.

[4] 杨景震．中国传统岁时节日风俗．西安：西北大学出版社，2006.

[5] 万建中．中国民俗简明读本．北京：北京新华出版社，2013.

[6]《超值典藏》编委会编著．中华民俗大全集．北京：中国画报出版社，2012.

[7] 王作揖等编著．中华传统民俗礼仪．北京：气象出版社，2015.

[8] 翟文明编著．话说中国民俗．北京：北京联合出版公司，2012.

图书在版编目（CIP）数据

中国民俗浅话 / 北京尚达德国际文化发展中心组编. — 北京：中国人民大学出版社，2016.10
（中华传统文化普及丛书）
ISBN 978-7-300-23505-9

Ⅰ. ①中… Ⅱ. ①北… Ⅲ. ①风俗习惯史 – 中国 – 通俗读物 Ⅳ. ①K892-49

中国版本图书馆CIP数据核字(2016)第238579号

中华传统文化普及丛书
中国民俗浅话
北京尚达德国际文化发展中心 组编
Zhongguo Minsu Qianhua

出版发行	中国人民大学出版社		
社　址	北京中关村大街31号	**邮政编码**	100080
电　话	010–62511242（总编室）		010–62511770（质管部）
	010–82501766（邮购部）		010–62514148（门市部）
	010–62515195（发行公司）		010–62515275（盗版举报）
网　址	http：//www.crup.com.cn		
	http：//www.ttrnet.com（人大教研网）		
经　销	新华书店		
印　刷	北京瑞禾彩色印刷有限公司		
规　格	185mm×260mm　16开本	**版　次**	2016年10月第1版
印　张	7.5	**印　次**	2018年4月第2次印刷
字　数	68 000	**定　价**	32.00元

版权所有　侵权必究　　印装差错　负责调换

本书个别图片来自网络，无法联系作者，敬请作者见到本书后，及时与我们联系，以便编著方按国家有关规定支付稿酬并赠送样书。

中华传统文化普及丛书

策划编辑　罗海林　李丽虹
责任编辑　郑　铮　张海霞
封面设计　海啸男　纪　静

教育部“十二五”规划课题“传统文化与中小学生人格培养研究”推荐成果

中华优秀传统文化系民族之精神、国家之血脉、家庭之基石、做人之根本、中国人之灵魂。

——滕　纯（中央教育科学研究所原副所长）

民俗文化是中国传统文化的根基，其中凝聚着民族的性格、民族的精神、民族的真善美，是中华民族彼此认同的标志，是祖国同胞沟通情感的纽带。

我们生活在民俗中，没有民俗便没有社会生活。民俗文化既是历史文化，也是当代文化，活态传承是民俗文化最重要的特征。只有真正认识民俗文化，才能做到全面继承和发扬中国优秀传统文化。

——叶　涛（中国社会科学院研究员）

ISBN 978-7-300-23505-9
9 787300 235059 >
定价：32.00元